Jerusalem

Heimat und Zuhause

© 2023 Sven Zakrzewski
Herstellung und Verlag: BoD – Books on Demand, Norderstedt
ISBN: 9783743175365

Inhalt

Inhalt	5
Einleitung	7
Amoriter, Hetiter, Salem, Jebusiter	8
Jerusalem unter David	14
Jerusalem unter Salomo	17
Jerusalem, die Stadt der Könige	19
Besetzung durch die Babylonier und Meder	21
Die Zeit der Makkabäer	22
Zeit des Herodes	23
Israel und Jerusalem unter römischer Herrschaft	23
Zeit des Islam und der Kreuzfahrer	28
Jerusalem ab dem 20.Jahrhundert	31
Charakter einer Stadt	33
Verhalten der Bürger/Bewohner	34
Negative Beziehung zu Gott	35
Negative Beziehung zu Mitmenschen	40
Positive Beziehung zu Gott	41
Positive Beziehung zu Mitmenschen	45
Vor dem 1000 jährigen Reich	47
Während des 1000 jährigen Reiches	51
Neue Himmel, neue Erde, neues Jerusalem	57

Nach der neuen Erschaffung	58
Das Verhalten der Christen vor der Umwandlung	65
Gaben und Talente	72
Zusammenfassung	79
Bibelstellen	81
Quellenverzeichnis	95

Einleitung

Liebe Leserinnen und Leser,

der gewählte Titel scheint so einige Fragen aufzuwerfen aber, er ist bewusst gewählt.

Warum Jerusalem? Welches Jerusalem? Wieso Heimat und Zuhause? Gibt es da einen Unterschied? Und ist es eine Heimat und ein Zuhause? Oder soll es dazu werden?

Dieses Buch hat nicht den Anspruch als wissenschaftliche Expertise zu gelten. Und in dem einen oder anderen Fall kann sicher noch mehr angeführt werden. Aber dieses Buch soll sehr wohl als Herausforderung gedacht sein, sich mit Jerusalem auseinander zu setzen. Ob die Aussagen nun bekannt sind oder nicht. Natürlich gibt es auch die verschiedensten Ansätze über Jerusalem zu schreiben: Ob nun politisch, historisch, architektonisch, biologisch, gesellschaftlich und ich könnte noch X weitere aufführen aber, in diesem Buch werden all diese Themen Randerscheinungen bilden. Mein Hauptaugenmerk ist darauf gerichtet, wie Jerusalem in Gottes Augen seine Stellung einnimmt. Und dies erfahre ich am ehesten, wenn ich die Bibel, Gottes Wort, aufschlage. Hier erfahre ich die Anfänge und das Ende. Doch alles der Reihe nach. Und bevor ich in das Thema Geschichte einsteige sei noch erwähnt, dass die Grundlage vieler Aussagen in den Bibelstellen steckt, die am Ende des Buches aufgeführt werden (Für diejenigen, die selber nachforschen wollen). Allerdings sind diese weder in der Abfolge des Geschriebenen noch in der biblischen Abfolge aufgeführt.

Wenn Jesus davon sprach, dass alles im Alten Testament als ein Schatten dessen dient, was im Neuen Testament durch Seine Person verwirklicht wird dann, ist es wert sich damit zu beschäftigen. So erfahren wir im Buch Hesekiel, dass die Gründung Jerusalems auf einen amoritischen Vater und einer hetitischen Mutter zurückzuführen ist. Ob dies nun im wortwörtlichen oder im übertragenen Sinne gemeint ist, sei einmal dahin gestellt. Und es ändert sich nichts an der Tatsache, dass es sich hierbei um eine Verbindung von Amoriter und Hetiter handelt. Wenn wir dazu im Wort lesen dann, werden wir feststellen, dass die Amoriter Riesen in ihren einzelnen Landesteilen hatten und die Hetiter der Anbetung von vielen Göttern nachgingen (durch eigene Aussagen der Amoriter und durch archäologische Funde belegt; bis zu 1000 Götter). In vereinzelten Fällen können wir davon ausgehen, dass bestimmte Riesen aus einer ungöttlichen Verbindung zwischen Mensch und gefallenen Engeln entstanden. Und dies zeigt sich dann auch in der Antihaltung dem EINEN Gott gegenüber. Da es keine sonderlichen Berichte aus diese Zeit gibt, ist zu vermuten, dass zu dem Zeitpunkt Abrahams der Ort noch keine erwähnenswerte Größe besaß. Andererseits galt Jerusalem zu allen Zeiten als strategisch wichtiger Ort. Und dennoch erfahren wir erst durch die Begegnung Abrahams mit Melchisedek von diesem Ort. Zu dem Zeitpunkt heißt der Ort oder auch die Stadt – Salem. Diese Begegnung wirft seine Schatten voraus. Nämlich durch verschiedene Aspekte. Zum Einen der Name Melchisedek, was soviel wie König der Gerechtigkeit bedeutet. Und dieser herrscht zum Anderen über den Stadtstaat Salem, was mit Frieden übersetzt wird. Dieser König bekommt den zehnten Teil der Habe von Abram, wie der Name zu diesem Zeitpunkt noch lautet. Weiterhin kommt dieser König, der zugleich auch Priester ist, dem Abram mit Brot und Wein entgegen. Und hier erkennen wir, wie dies im Hebräerbrief des Neuen Testamentes aufgenommen wird. Es wird die Brücke zu Jesus geschlagen, dass dieser sowohl der König der Gerechtigkeit und der König des Friedens sei. Auch bietet Jesus Brot und Wein als Symbol Seiner Hingabe mit Blut und Leib an. Und er vertritt, als Priester die Gläubigen vor Gott. Dass Abram diesen zehnten Teil seiner Habe gab zeigt nur die unbedingte Hingabe an Gott als Anerkennung. Dieses geschah jedoch nur das eine Mal. Von weiteren Begegnungen wird nichts gesagt und auch später taucht dieser Melchisedek nicht wieder auf. Erst im Hebräerbrief findet der Name wieder seine Erwähnung. Im Wort Sehen bzw. lesen wir auch, dass in der frühen Zeit der Stadt nur in dem Zeitraum Melchisedeks der EINE Gott als EINZIGER und Schöpfer von Himmel und Erde verehrt und angebetet wurde. Denn später heißt es, dass das Maß der Ungerechtigkeit noch nicht voll war und noch 400 Jahre vergehen müssen bzw. werden bis Gott einen Schlussstrich unter der Vielgötterei und der Schlechtigkeit der Völker und Nationen im Gebiet Kanaans ziehen wird. Dann sollten die Gebiete, welche Gott Abram (der nun zum Abraham gemacht wurde) verheißen hatte seinen Nachkommen gehören. Diese lange Zeit beweist, wieviel Geduld Gott mit den

Menschen hat damit sie von ihren egoistischen, ungerechten, schlechten Wegen umkehren und IHM die Ehre geben. Jedoch scheint es so, dass sie so eingefahren und unnachgiebig in ihren selbstgewählten Lebensstil waren, dass sie nicht bereit waren, den einzig wahren Gott zu akzeptieren. Paulus greift dies im Römerbrief auf (es gilt für jeden der Gott ablehnt) indem er schreibt: „Und wie sie es für nichts geachtet haben, Gott zu erkennen, hat Gott sie dahingegeben in verkehrten Sinn, so dass sie tun, was nicht recht ist." Und nach einer Aufzählung von verschiedenen Haltungen schreibt er weiter: „Sie wissen, dass die solches tun, nach Gottes Recht den Tod verdienen; aber sie tun es nicht allein sondern haben auch Gefallen an denen, die es tun." Manche würden jetzt sagen, dass dies ungerecht wäre, weil sie diesen EINEN Gott ja gar nicht kannten. Aber Paulus lässt diese Begründung nicht gelten, da Gott aus der Kompaktheit SEINER Schöpfung erkannt werden kann und dementsprechend eine Kontaktaufnahme möglich wäre, wenn man sein Herz dafür nicht verschließt.

Wie sich es sich auf das Land und letzten Endes auch auf Jerusalem ausgewirkt hat, darauf kommen wir später noch einmal zurück. Das nächste Ereignis welches wir nämlich betrachten wollen betrifft die beinahe Opferung von Isaak. Was dies mit Jerusalem zu tun hat?

Vielleicht mehr als es auf den ersten Blick erscheinen mag. Aber der Reihe nach. Gott hatte Abraham angewiesen seinen einzigen Sohn zu opfern und dazu sollte er zu einem bestimmten Ort gehen. Isaak der nichts davon geahnt hat lies alles mit sich geschehen, weil er Vertrauen zu seinem Vater hatte. Im letzten Moment verhinderte Gott die Ausführung und gab einen Ersatz. Der Ort an dem dieses Ereignis stattfand war das Land Morija und der Berg Morija. Und es lag nicht weit von dem damaligen Salem (oder hieß es zu diesem Zeitpunkt vielleicht bereits Jebus?) entfernt. Moria bedeutet ungefähr soviel wie „Der Herr wird ersehen" bzw. „Land oder Berg der Schauung (des Sehens)". Es ist derselbe Platz an dem Hunderte Jahre später der Tempel Salomos und vorher noch ein Zelt mit der Bundeslade stehen wird. Auch darauf werden wir später noch zurückkommen.

Ein paar hundert Jahre später gemäß Ankündigung und Verheißung wird das Volk Israel durch Mose an die Grenzen der Gebiete geführt, welche Abraham versprochen wurden. Die Zeit für die Völker, die sich in den Landstrichen befanden, war um. Es gab keine Buße (Umkehr). Und so musste Gott das Urteil sprechen. Zum Einen führte Gott das Gericht direkt aus und zum Anderen bediente er sich der Menschen (sprich des Volkes Israel). Was bedeutet, ER agiert übernatürlich und mit „menschlichen Schlägen". Obwohl die Gebiete vorgegeben waren, welche einzunehmen sind, leistete die Stadt Jebus immer noch Widerstand, sodass selbst Böse Herrscher hier Unterschlupf fanden und dort auch starben. Und weil die Israeliten die Stadt nicht einnehmen konnten, blieb sie noch lange als Widerstandsnest in der Hand der Jebusiter. Bis sich die Israeliten sogar daran gewöhnt hatten.

Auch nachdem Israel einen König gewählt hatte, blieb die Stadt in der Hand der Jebusiter. Und es zeigte sich, dass einige Charaktereigenschaften bei Ihnen vorherrschend waren, welche die Stadt prägten. Diese waren: Eigensinn, Stolz und Hochmut. Ihnen war es egal wer um sie herum gerade König war. Und Israels König Saul schien auch kein weiteres Interesse an der Stadt zu zeigen. Nach dessen Tod stand jedoch irgendwann König David vor der Stadt. Und in ihrer überheblichen Art wiesen sie David mit den Worten ab, dass selbst die Schwächsten unter ihnen David aufhalten würden. Aber, sie hatten nicht mit der Entschlossenheit Davids gerechnet. Vielleicht war er sich der Verheißungen und des Auftrages Gottes bewusster als manch Anderer. Und so setzte er unter Einsatz der fähigsten Leute den Auftrag um und eroberte die Stadt

Die Stadt unter König David

Als erstes legte David fest, dass die Stadt mit der Bergfeste Zion zur Hauptstadt Israels wurde. Zion bedeutet meiner Recherchen zufolge „Fixpunkt". Und die Festung oben auf dem Berg schien wirklich ein Fixpunkt für die ganze Umgebung gewesen zu sein. Später können wir durch verschiedene Schriftstellen der Bibel erfahren, dass sich dieser Begriff (Zion) auf die ganze Stadt und auch auf die Erweiterung der Stadt bezog. Welche Bedeutung und Auswirkung dies haben sollte, wird noch erläutert. Vorerst schien sie jedoch auch Stadt Davids zu heißen.

Nachdem es König Saul zuvor zwar gelungen war die einzelnen Stämme Israels für bestimmte Situationen zu vereinen, blieben die Stämme dennoch jeweils für sich.

Dies änderte sich jetzt durch David, der nun den Fixpunkt für alle Stämme Israels festlegte. Es war der erste wichtige Fixpunkt. Und ein Zweiter kam hinzu. Er ließ die Bundeslade holen und brachte sie ebenfalls nach Zion. Diese Tat wird in meinen Augen allzu häufig unterschätzt. Hiermit wird nämlich ausgedrückt, dass wo der Fixpunkt der Einheit des Volkes Israels ist auch zwangsläufig der Fixpunkt des EINEN Gottes des Volkes Israel sein muss. Die Einheit des Volkes darf nicht von der Einheit mit seinem Gott getrennt sein. Folglich lautet das Prinzip: EIN Herr und Gott, EIN Glaube und EIN zentraler Ort der Anbetung. (Ab diesem Zeitpunkt wurde die Stadt wohl Jerusalem genannt. Wenn die Bezeichnung Stadt Davids auch hin und wieder noch fällt, bezieht sich dies jedoch nur auf die von ihm eingenommene und ausgebaute Stadt.)

Nebenbei bemerkt erleben wir auch während der Zeit Davids Höhen und Tiefen dieser Stadt. So erfahren wir, dass neben der ordnung der Anbetung Gottes eine weitere Situation heraussticht. Es ist die Geschichte in der David auf Manpower, menschliche Quantität, vertrauen wollte anstatt auf Gott. Nachdem schon Menschen gestorben waren, hielt Gott inne. Und David bekannte seine Schuld. Die Konsequenzen musste er

aber dennoch tragen. Und Gott beauftragte David zu einer weiteren Sache: Er sollte auf der Tenne Araunas einen Altar bauen. Diese Tenne war nicht allzu weit von dem damaligen Jerusalem entfernt und gehörte dem Jebusiter Araunas. Ob das ganze Gebiet, in welcher Größe auch immer, auch zur Stadt (so wie ein Landkreis) dazu gehört hat, kann nicht gesagt werden. Anscheinend waren aber Teile der ehemaligen Bevölkerung immer noch anwesend. Arauna wollte diesen Platz David schenken, umsonst. Aber David wollte es nicht zulassen. Denn, dieser Kauf sollte nicht umsonst sein sondern seinen Wert haben. So kam man überein und das Gebiet mit dem Platz änderte seinen Besitzer. Erzähle ich dies um zu zeigen, dass und wie sich die Stadtgrenzen erweiterten?
Sicherlich auch, aber nur zum kleinsten Teil. Der eigentliche Schwerpunkt liegt woanders. Dieser Platz oder Ort ist derselbe Platz und Berg auf dem das Ereignis der beinahe Opferung von Isaak durch Abraham stattfand. Der Berg des Schauens – Morija (wie es übersetzt wohl bedeutet). Hier wurde von Gott der Platz gewählt, an dem Fürbitte und Anbetung stattfinden sollte. Gott hat den Platz ersehen (ausersehen, gewählt) und dort sollte man IHN

erkennen bzw. sehen. Hier wollte Gott in besonderer Weise anwesend sein. Seit diesem Zeitpunkt verbindet man Jerusalem mit der Anbetung und der Fürbitte zu dem EINEN Gott der Himmel und Erde gemacht hat und der sich als der ewig Seiende offenbart hat. Und ein weiterer Aspekt wird sichtbar; Gott sucht sich sein Opfer aus und mit dem Opfer wird Hingabe und gleichzeitig Fürbitte und Anbetung ausgedrückt. Außerdem kostet es einen Preis. Alle diese Aspekte finden wir später in der Person Jesus wieder. So wurde Jerusalem in besonderer Art und Weise zur Stadt Gottes. Und ich betone hier: Auf der Erde. Warum ich auf der Erde sage dazu komme ich später noch einmal zurück. Wie wir aber sehen können, ist der Schatten, so wie Jesus erklärte, schon erkennbar. Man muss nur gewillt sein und hinschauen, dann kann auch ein Stückweit erkannt werden.

Jerusalem unter König Salomo
Nachdem König David den Großteil des Baumaterials bereitgestellt hatte und auch alle Pläne vorhanden waren, konnte mit einem Bau, der seinesgleichen zu der Zeit gesucht hat, begonnen werden. Und nun verwundert es nicht, dass dieser Tempel genau an der

Stelle stehen sollte, an der der Altar Davids stand. Und nach dem Gott sich festgelegt hatte, dass sein Name mit dieser Stadt verbunden sein sollte, wurde dies im Gespräch mit König Salomo erneuert. Dadurch, dass Gott ein Gott ist, welcher sich erkennbar zeigt, ist es nur logisch, dass dementsprechend Weisheit und Offenbarung von Jerusalem ausgeht und ausgehen sollte. Sicher – Salomo bat darum und so bekam er auch das Gewünschte. Aber wenn ich nicht in dieser Gabe lebe, die von Gott kommt, und ich diese Gabe sich verselbständigen lasse und nur zu einer Charaktereigenschaft verkümmern lasse kann, was als Segen gedacht war, sie auch schnell zum Fluch werden.

Wir können dies im Buch Prediger in der Bibel sehen. Und statt auf die Offenbarung durch den Heiligen Geist zu warten, fängt man selber Gedanken an zu hegen, die sich damit beschäftigen, dass es noch mehr geben muss. Häufig stellt sich dann die Frage: Warte ich auf Gott oder fang ich, wo auch immer, selber an zu suchen. Leider hielt im Gegensatz zum Anfang der Regierungszeit in Jerusalem eine negative Entwicklung Einzug. Zuerst wurde der Segen ausgebaut. Danach wurde er nur noch verwaltet. Und schließlich hielt Selbstgefälligkeit Einzug. Uns so folgte, dass die vielen

Frauen Salomos ihn zu Opferhandlungen zu anderen „Göttern" brachten. Dies musste zwangsläufig das Missfallen des EINEN Gottes Israels nach sich ziehen. So wurde Israel in ein Nordreich (Israel) und ein Südreich (Juda) geteilt. Das Ereignis fand jedoch erst unter dem Sohn Salomos statt.

Die Stadt der Könige
Bereits ab David begann die Zeit der Könige des Volkes Israel. Und es wird sichtbar, dass sich der Gedanke einer Exklusivität breit macht. Dies wird nicht nur durch den Tempel genährt sondern auch aufgrund der besonderen Stellung des Volkes Israels bei Gott. Weil sich aber bereits unter Salomo eine Unzufriedenheit ausbreitete und sein Sohn Rehabeam die Situation noch schürte bekam die Einheit des Volkes einen Knacks und der Bruch einer Trennung der Stämme war so gut wie unvermeidlich.
Während die meisten Stämme nun einen eigenen Staat zu bilden begannen, verblieben Juda und Benjamin zusammen und bildeten ihrerseits ein eigenes Staatsgebilde. Das eine hieß Israel mit der Hauptstadt Samaria und das andere Juda mit der Hauptstadt Jerusalem. Durch die Sonderstellung Jerusalems mit

dem Tempel Gottes behielt die Stadt jedoch ihre Vorrangigkeit. Ein Problem offenbarte sich indes mehr und mehr. Erfolg und Segen machen sich nicht an Gebäuden fest. Auch wenn diese ein Publikumsmagnet sein können. Natürlich liegt es in der Sache, dass es zu bestimmten Zeiten Bestrebungen gab, zusammenzuführen was zusammen gehört. Doch zumeist war es ein Ringen um die Vormachtstellung zwischen Israel und Juda. Und so verwundert es nicht, dass wenn der Initiator des Volkes Israel und Juda sowie Jerusalems und des Tempels nicht mit einbezogen wird, ein falsches Verständnis von Gott entsteht. Statt Beziehung breitet sich Religion aus. Damit gibt es einhergehend ein Auf und Ab in der politischen, wirtschaftlichen und sozialen Situation. Ganz zu schweigen von der Anbetung anderer Götter oder Götzen von denen man sich mehr erhoffte als von dem EINEN Gott. Es ging soweit, dass Gott sich von dem Ort den ER ausgewählt hatte zurückzog, weil dieser in den Ursprungszustand verfiel, der IHM zuwider war. So kam was kommen musste, denn der Zustand war unhaltbar. Daraufhin wurde Jerusalem größten Teils zerstört.

Zeit der Besetzung (durch Babel und Medien = Persien)
Mit der Besetzung des Landes und der Stadt wurden aber nicht nur Gebäude zerstört sondern auch die Objekte der Religion, des formelhaften Festhaltens an gewisse Traditionen. Was entsteht, wenn einem die Grundlage entzogen wird? – Ein Vakuum.
Aber wie und mit was füllt man das Vakuum, wenn die Leiter nicht mehr da sind und die, welche da sind nicht richtig leiten?
Man sammelt sich aus verschiedenem etwas zusammen. So entsteht auf den Trümmern eine Vermischung der Völker. Es entsteht zudem auch eine Vermischung der Götter und noch mehr als Beides zusammen entsteht eine Vermischung der Gedanken. Die Resultat lautet: Es wird besten Wissens und Gewissens das Falsche gemacht. Nicht zuletzt, weil es aus eigener Kraft geschieht. Als dann ein radikaler Ruck während der Zeit der Makkabäer vollzogen werden sollte, Gott in angemessener Art und Weise zu dienen, gab es keine Einheit mehr, zumal Viele bereits Kompromisse eingegangen waren und strikte formelhafte Einhaltung abschreckte, blieb auch dies ein kurzes Intermezzo in der Geschichte. An eine durch Gott geführte Nation war nicht mehr zu denken.

Zeit der Makkabäer

Auch wenn keine direkte Verbindung mehr zu Gott vorhanden war, so versuchte man doch eine gewisse Tradition und die Hoffnung auf ein Reden und Handelns Gottes aufrecht zu halten. Durch die Uneinigkeit unter dem Volk Gottes setzte sich auch eine Haltung durch: Jeder ist sich selbst der Nächste. Zuvor wurde jedoch erst einmal ein Großteil griechischer Kultgegenstände aus Jerusalem und dem Land entfernt; sowie nachweisliche Nachfahren der Priester wieder neu in ihre Aufgabe eingesetzt. Daraus entwickelte sich nach langer Zeit wieder eine Führungsriege, die sich etablieren konnte. Allerdings entwickelte sich alles ohne von Gott eingesetzt worden zu sein. Der angesprochene griechische Einfluss resultierte aus der Tatsache, dass Alexander der Große und später das Seleukidenreich auch in Israel Fuß fassen konnten. Während die Einen den Einfluss befürworteten und sogar im Tempelbereich andere Götterfiguren aufstellten, lehnten sich Andere dagegen auf. So kam es zu den Aufständen, die es Israel nochmals ermöglichen sollten eine Eigenständigkeit zu erlangen. Durch Uneinigkeit und Machtkämpfe jedoch setzte sich schließlich Herodes der Große mit Hilfe der Römer durch. Schon bereits zuvor wurden die Römer durch Allianzen ins Land geholt und bekamen nun immer mehr Zugriff auf alle Bereiche des alltäglichen Lebens. Bis zu dem Zeitpunkt an dem Israel letzten Endes unter römischer Verwaltung stand.

Zeit des Herodes

Es gab und gibt wohl wenige Herrscher, die so zwiespältig gesehen werden, wie Herodes der Große. Egozentrisch und Machtbesessen bis ins Unermessliche und in der logischen Folge brutal seine Ziele verfolgend. In seiner Gegenwart konnte man sich nicht sicher sein. Er, der selbst vor seiner Familie nicht Halt machte, diese aus dem Weg zu räumen, wenn sie seinen Zielen im Wege stand. Andererseits gibt es durch ihn erneut eine Bautätigkeit im Land, die höchstens mit der der großen Könige Salomo, Asa, Usija und Hesekiel, sowie Esra und Nehemia verglichen werden kann. So baute er unter anderem den Tempelbezirk wieder zu einer neuen Pracht aus.

Israel und Jerusalem unter römischer Herrschaft

Nachdem Herodes gestorben war und sein Sohn Archelaus nach nur ca. 10 Jahren seines Amtes als

„König" enthoben wurde, kam Jerusalem vollends unter römischer Herrschaft. Wenn es nicht bereits unter Herodes hier und da Aufstände gab, ein Reich wie das des David zu etablieren, so vermehrten sich nun die Aufstände unter den Zeloten und Sikariern um ein Vielfaches. Dies hatte natürlich auch mit der Verheißung der Propheten in Bezug auf eines kommenden Messias (Retter) zu tun. Dieser sollte David ähnlich Israel neu vereinen und erneut zu EINEM Gott geführten Reich machen. So kam es, dass das erste Auftreten von Johannes dem Täufer und Jesus in diese Richtung zu zeigen schien. Zumindest für Einige. Für die Römer blieb Jesus als ein weiterer „Lehrer", ein kleiner Aufständischer und somit eine Randnotiz. Auch als die ersten Jünger das Werk von Jesus weiter fortführten nahmen die Verwaltungshabenden diese anfangs nicht wahr. Erst mit zunehmenden Wachstum von Gemeinschaften der neuen „Sekte" (lat. Secta = Lehre, griech. = hairesis) in den Augen der Römer, wurden die Jünger mehr beobachtet. Diese Gemeinden wurden z.T. von den Juden (Israeliten) stark angegangen. Und so verteilten sich die „Gemeinden" (Ekklesia = Versammlung) der Christen nun im ganzen Land. Während es bereits 30 Jahre nach Jesus beinahe ein Aufstand der Juden gegeben hätte, weil ein Kaiser sein Standartenzeichen in Jerusalem aufstellen wollte, gelang es einem umsichtigen römischen Verwalter vor Ort dies gerade noch zu verhindern. Jedoch brach der große Aufstand oder wie es Flavius Josephus bezeichnet, der 1. Große Jüdische Krieg im Jahr 66 n.Ch. schließlich doch aus. Grund war, dass die Tempelsteuer (gedacht für den Tempel in Jerusalem) konfisziert und für den Wiederaufbau von Rom und dem Jupitertempel verwendet werden sollte. Wie ein Lauffeuer ging es durchs ganze Land. Und so schlossen sich verschiedenste Gruppierungen erstmals zusammen um die Römer aus dem Land zu werfen. Mit zunehmender Dauer kamen jedoch die unterschiedlichen Auffassungen der einzelnen Gruppierungen hoch und sie endeten schließlich damit, dass Jerusalem 70 n.Chr. eingenommen wurde und die Kriegshandlungen in der Festung Massada am Toten Meer ihren Schlussstrich 73 n.Chr. fanden. Trauriges Resultat wie Flavius Josephus schrieb war, dass der Tempel in Jerusalem in Flammen aufging und Jerusalem über lange Zeit unbewohnbar war. Weiterhin wurde dem Israelisch/ Jüdischem Leben die politische und religiöse Grundlage entzogen. Erst im Jahr

117 n.Chr. erfolgte langsam ein Wiederaufbau der Stadt, jetzt allerdings mit römischen Vorzeichen. Die Stadt wurde in Aelia Capitolina umbenannt. Römische Straßen durchzogen nun das Stadtbild und dort wo einst der Tempel Herodes stand, fand man nun einen Jupiter Tempel, des höchsten Gottes der Römer. Unterschwellig waren die Gegner Roms jedoch nicht gewillt dies alles hinzunehmen. Im Jahr 132 n. Chr. trat mit Simon bar Kochba eine Führungsperson in die Öffentlichkeit, wie sich die Juden von einem Messias (=Retter) erhofft hatten. Mit Guerillataktik fügten Sie den Römern empfindliche Niederlagen bei. Allerdings waren die Verluste unter den Juden auch nicht gerade gering, zumal die Römer nun auch dazu übergingen unbeteiligte Bewohner mit Strafaktionen umzubringen, zu versklaven oder zu vertreiben. Am Ende des Krieges 135 n. Chr. war jeder noch so kleine Widerstand gebrochen, die Anführer tot oder in Gefangenschaft nach Rom gebracht, wo sie zur Demonstration hingerichtet wurden. Die Bevölkerung war bis aufs Äußerste dezimiert oder ausgewandert.

Wurde zwischen dem 1. und dem 2. jüdischen Krieg im Jerusalemer Gebiet nur eine römische Kolonie gegründet, wurde die Stadt nach dem 2. jüdischen

Krieg gänzlich römisch, mit allem was dazu gehört. Diese Aelia Capitolina genannte Stadt durften die Juden von diesem Zeitpunkt an über fast 500 Jahre unter Todesstrafe nicht betreten. Außerdem wurde der Name Israel und alles Jüdische offiziell getilgt. Und so wurde das Land in Syria Palaestina (Palestina = heb. Peleschet: womit das Land der Seevölker, die Philister, gemeint sind) umbenannt. Die darauf folgende Zeit war geprägt von Vorteilen für Christen, Römer und Nichtjuden. Im Umkehrschluss konnten die Juden vielen jüdischen Praktiken nicht mehr nachgehen: ob es nun das Beschneidungsverbot war oder auch alles was mit dem Priesterdienst zu tun hatte (Da es den Tempel ja nicht mehr gab und somit der Priesterdienst seine Grundlage verlor; sowie der Tatsache, dass Jerusalem für die Juden eine verbotene Stadt war).

Im 4. Jhd. teilte sich das römische Reich in West und Ost auf. In dieser Zeit war Jerusalem eine Kleinstadt und die Hauptstadt des Gebietes Cäesarea Maritima. In der Folgezeit gehörte Syria Palaestina zum Oströmischen Reich. Dieses Reich wurde unter Kaiser Konstantin der Große und Theodosius II zu einem „christlichen" Reich, was nach sich zog, dass auch in den Provinzen das Christentum die Hauptreligion war.

Das Pilgern nach Jerusalem bekam durch die Mutter Konstantins einen großen Aufschwung. Und als Christin suchte Sie natürlicher Weise auch die Stätten im Heiligen Land auf, an denen Jesus gewirkt hatte, als Er sich in Jerusalem aufhielt. Während dieser Zeit durfte sie auch ein Stück des Kreuzes an dem angeblich Jesus hing als Reliquie mitnehmen (so die Legende).

Jerusalem unter dem Islam und den Kreuzfahrern

Im Jahr 614 n.Chr. verlor das Oströmische Reich die Gebiete des römischen Syria Palaestina dauerhaft an die Perser. Unter den persischen Sassaniden ging die Verwaltung Jerusalems an die Juden und es durften sich nun die Juden auch wieder neu ansiedeln. In dieser Zeit wurden christliche Kirchen zerstört. Als sich der Islam als neue Glaubensrichtung auf dem Vormarsch befand, wurde Jerusalem zur islamischen Stadt. Nicht allzu lange Zeit danach wurde der Tempelberg beansprucht; auf dem wohl noch Reste des jüdischen Tempels zu erkennen waren. Erst eine geraume Zeit später wurde der Felsendom darauf errichtet. Die ganzen Gruppierungen des Islam, die sich später um das „Heilige Land" gestritten haben, aufzuzählen würde den Rahmen sprengen. Dazu sei aber gesagt, dass je nachdem welche Gruppierung die Vormachtstellung inne hatte gab es Vor- oder Nachteile für die Juden oder Christen.

Im 8. Jhd. n.Chr. waren es schwere Erdbeben, die der Stadt Jerusalem (im Islam auch Al-Quds genannt) Schäden an der Bausubstanz verursachten. Im 10. Jhd. n.Chr. erfolgte eine größere Christenverfolgung, bei der viele Kirchen nieder-gebrannt wurden. Im 11. Jhd. n.Chr. entstand die jüdische Hochschule und die Grabeskirche wurde zerstört (jedoch später wieder aufgebaut). Zudem gab es erneut ein schweres Erdbeben, so dass der Felsendom, Synagoge und Tempelmauer restauriert werden mussten. Zusätzlich wurden die Türme der Stadtmauer von der Bevölkerung selbst instand gesetzt und eine Ummauerung des christlichen Viertels gezogen. Während dieser Zeit mussten die Juden erstmalig ein Erkennungszeichen tragen (es war ein bestimmter Gürtel). Im 12. Jhd. n.Chr. wurde vom Papst (nicht ganz uneigennützig) ein Heiliger Krieg ausgerufen, um das „Heilige Land" für das Christentum erneut zu erobern. Leider waren die angewandten Methoden bei weitem nicht heilig, wie es den Anschein haben sollte. Jedenfalls gewannen diese Kreuzzugsheere die Oberhand. Wahrscheinlich auch

aufgrund besserer Ausstattung. So entstanden kurz darauf das Königreich Jerusalem und weitere Fürstentümer im Heiligen Land. Den Machteinfluss bekamen dann auch alle Nichtchristen zu spüren. (Im Übrigen gab es mehrere ausgerufene Kreuzzüge ins heilige Land und sogar Kreuzzüge gegen anders Glaubende in Europa). Zu dieser Zeit entstanden die Orden: Johanniter (und aus ihnen hervorkommend die Malteser), die Templer und der Deutsche Orden. Durch Verluste gegen islamische Truppen aus dem arabischen und ägyptischen Raum, wurde das Kreuzfahrerheer gezwungen Jerusalem abzugeben und seine Hauptstadt im Land nach Akkon zu verlegen. Hier wird dann auch das letzte Kapitel des christlichen Kreuzfahrerstaates „Königreich Jerusalem" geschrieben. Nach dieser relativ kurzen Phase des Kreuzfahrerstaates bemächtigt sich der Islam wieder Jerusalem und des ganzen Landes. So wird dann die Stadtmauer und alle umliegenden Festungen geschleift (zerstört). Daraufhin bleibt Jerusalem für Jahrhunderte eine offene, unbefestigte Stadt.
Erst im 16. Jhd. n.Chr. erhielt die Stadt wieder eine Stadtmauer, die ihre Gestalt bis heute erhalten hat. Es wurden den alten Wegen zum großen Teil

Rechnung getragen, sodass man eine Vorstellung bekommt, wie es zuvor ausgesehen haben könnte. Während dieser Zeit besaß die Stadt keinerlei politischen Einfluss. Es war eine Provinzstadt mit gerademal 10.000 Einwohnern. Was jedoch das Besondere war: Damit sie erkannt wurden, mussten Christen und Juden eine besondere Kleidung tragen. Später wurde Jerusalem wieder zu einem Verwaltungssitz.

Aufgrund der sich verändernden sozialen und politischen Lage in Europa sahen sich immer mehr Juden vor der Frage wieder zurück ins Heilige Land zu ziehen. Eine nicht unwichtige Rolle spielte auch die zionistische Vereinigung. Und nachdem immer mehr Juden zurück in ihr Land kamen, wurden in Jerusalem neue Stadtteile gegründet und auch die Einwohnerzahl stieg nun im Jahr 1880 auf ca. 30.000 an. Davon waren mittlerweile die Hälfte Juden.

Jerusalem ab dem 20. Jahrhundert
Durch die Weltkriege im 20. Jhd. kam Jerusalem unter britisches Mandat. Dies hielt jedoch nur bis kurz nach dem 2. Weltkrieg, als die Briten sich zurückzogen und eine Phase der Unentschlossenheit über den Status

des immer noch Palästina genannten Gebietes entstand. Das wurde von den Juden ausgenutzt. So wurde kurzerhand der Staat Israel wieder mit Jerusalem als Hauptstadt ausgerufen. Wenn vorläufig auch nur der westliche Teil. Da sich jedoch islamistische Gruppen und Länder mit dem neugeschaffenen Zustand nicht zufrieden geben wollten, versuchten und versuchen sie bis heute das Land wieder in ihren Besitz zu bringen. Durch die damit verbundenen Kriege kam es dazu, dass Israel wieder mehr Gebiete dazu gewinnen konnte und in der Folge Jerusalem keine geteilte Stadt mehr ist. Wie sich Jerusalem in sozialer, politischer und urbaner Richtung in den nächsten Jahren noch entwickeln wird bleibt abzuwarten. Dieser historische Überblick sollte dazu dienen, ein Stückweit die kommenden Kapitel zu erklären. Ich möchte hier auch nochmals abschließend darauf hinweisen, dass der Begriff „Juden" durch die Ereignisse unter der Wegführung der Chaldäer entstand. Da der Stamm der Juden und Benjaminiter zum Schluss übrigblieben sind, bis auch von ihnen ein Großteil deportiert wurde. Daraus entstand dann der geläufige Begriff der „Juden". Ich für mein Teil sehe die Entwicklung jedoch differenzierter. Denn selbst auf dem Gebiet der Juden dürften zu jeder Zeit auch Personen der anderen Stämme Israels gelebt haben. Und deshalb habe ich mich festgelegt: Auch wenn ich den Begriff Juden verwendet habe und verwende, sie immer als Gesamtheit der Israeliten verstehe. Denn, schließlich sieht es Gott ebenso.

Jerusalem – Der Charakter einer Stadt

Was macht den Charakter einer Stadt aus?

Nun zuerst einmal doch die Ansicht einer Stadt. Und da können wir vermerken, dass Jerusalem im judäischen Bergland liegt und auf Bergen erbaut ist. Hier sind natürlicher Weise in erster Linie Zion und der Tempelberg zu nennen. Die Lage der Stadt macht sich auch temperaturmäßig und im Selbstverständnis der Bürger bemerkbar (darauf kommen wir später noch zurück). Die Stadt- und Befestigungsmauer sowie der Millo geben und gaben der Stadt ein Verständnis der Wehrhaftigkeit und Selbstbehauptung. Weitere Hinweise sind: Ob Landwirtschaft, Handwerk oder Industrie ansässig sind und in welchem Maße. Zudem geben Wald, Steppe oder Fluss bzw. Seenlandschaft einen Aufschluss. Aber all diese Angaben sind nur zweitrangig. Denn, was ist ein Ort,

Dorf, Stadt ohne die Bewohner die hier leben und arbeiten. Und je länger diese dort wohnen prägen sie zuerst den Inhalt und daraus resultierend das Äußere einer Stadt. Außerdem verfestigen sich dadurch auch gewisse Strukturen und Denkschemata. Und da ich alles in Bezug auf die Beziehung zu Gott sehe und auch durch Gottes Wort, die Bibel, nachvollziehen kann, soll das nächste Kapitel dem gewidmet sein.

Verhalten der Bürger/ Bewohner
Wenn eine Stadt so mittelbar in Beziehung zu Gott steht, werden die Verhaltensweisen sowohl in positiver wie auch in negativer Weise Auswirkungen haben und aufzuzählen sein. Genauso wichtig ist der Umgang untereinander, welcher meinem Dafürhalten ein Resultat aus meiner Beziehung zu Gott ist. Aus diesem Grund werde ich jeweils mit der Beziehung zu Gott zuerst anfangen. Interessanter Weise gibt es sowohl im Positiven wie auch im Negativen eine Spiralentwicklung. Da diese jedoch bei den verschiedenen Menschen unterschiedlich ausfallen und auch zeitlich nicht immer übereinstimmen, gehe ich nicht bis ins Detail systematisch vor. Dennoch gibt es eine Tendenz/ Abstufungen, welche ich aufzeigen möchte.

Negative Beziehung zu Gott

Wie vieles in unserer menschlichen Entwicklung, fängt alles mit der inneren Einstellung an. Und wenn uns die Bibel sagt, dass heillose Pläne im Inneren geschmiedet werden dann, ist es im wahrsten Sinne Heil-los. Weil Gott, von dem doch das ganze Heil kommt, eben nicht dabei ist. Grundlage dafür ist, dass man Gott nicht zuhört und auf sein Reden keine Antwort gibt, sprich Ihn ignoriert. Da keine Kommunikation stattfindet, ist auch keine Beziehung vorhanden und so fällt einem der Satz, dass Gott weder Böses noch Gutes tut leichter. Man ist offen für alles, Toleranz das große „Non Plus Ultra". Gott ist nicht mehr der Einzige der etwas zu sagen hat. Und schon macht sich eine Tendenz nach Ägypten (Welt) bemerkbar. Weltliches Denken, Gedanken über Versorgung und Sicherheit hält Einzug. Der Bürger hat sich gegen Gott etabliert und ist stolz auf seine Errungenschaften, einhergehend mit Egoismus. Das Resultat sowohl bei Leitern wie auch beim Volk ist: Es geschieht keine Fürbitte mehr. Es wird sich nicht mehr um die geistliche Herde gekümmert. Entweihung, Unreinheit, Befleckung, Sünde/ Vergehen sind an der Tagesordnung und bilden Teil des Charakters. Die Menschen Jerusalems halten sich nicht mehr an den Bund mit Gott. Nicht nur, dass sie treulos gegenüber Gott handeln, ihre Widerspenstigkeit drückt sich auch darin aus, dass sie sich nicht mehr zurechtweisen lassen wollen und nicht umkehren wollen. Weil diese Menschen Gott verlassen, zieht sich Gott Seinerseits zurück. Eine weitere Eskalation ist die Verschwörung gegen Gott. Die Zunge, Taten und Augen sind zum Trotz gegen Gott gerichtet. Damit einhergehend ist die Unterdrückung aller geistlichen Dinge in Bezug auf Gott, den einen Gott, der alles geschaffen hat. Somit setzt es dann auch nicht in Erstaunen, wenn der Zugang zur Anbetung des einen wahren Gottes verwehrt wird, die Wahrheit verhindert und deren Propheten verfolgt und umgebracht werden. Dass heilige Utensilien ebenfalls zerstört werden bleibt dann nur noch als Randnotiz.

Wenn Gott nicht mehr den Platz im Leben einnimmt den Er haben sollte, bleibt einem nur auf eigene Kraft und Stärke zu setzen. Das bedeutet in Bezug auf Jerusalem, dass man die Bevölkerung zählen lässt um später zu wissen wieviel waffenfähige Männer man hat. Oder andererseits werden Häuser an der Mauer aufgrund eines gewissen Sicherheitsbedürfnisses abgebrochen. Da Gott und Israel und somit auch

Jerusalem in Beziehung stehen, wird das Verhalten Jerusalems als Hauptstadt Judas und Samaria als Hauptstadt Israels als Unzucht und Ehebruch bezeichnet (Maleachi 2,11). Jede Art von Anbetung anderer Götter, Götzen (auch Dinge und Vergötterung der eigenen Person) wird nicht nur als Götzendienst sondern auch als persönlicher Affront gegen Gott gesehen. Dabei spielt es keine Rolle, wo das stattfindet, ob nun in der Stadt, auf Hügeln, unter Bäumen, auf dem Feld oder wo auch immer. Es geht darum, dass Anderes oder Andere größer gemacht werden als Gott; wenn sich auf andere, ich sag mal Religionen, eingelassen wird, man mit deren Kulte aus Toleranz kokettiert. Damit wird schließlich ausgedrückt, dass man nicht rein wird und werden will.

Aus Gottes Sicht im Wort Gottes sind diese Haltungen offensichtliche Kultpraktiken. Es wird auf Dächer gestiegen um das Heer des Himmels anzubeten. Heute gibt es das Wort Astrologie dafür. Ein anderes ist es Bilder anzubeten. Und darin sind nicht nur Bilder sondern auch Skulpturen gemeint. Ob Heiligenverehrung oder Ikonographie beides findet man in Gottes Wort nicht in positiver Ansicht wieder. Daraus entwickelte sich verständlicher Weise während der Reformation flächendeckend ein Bildersturm (ab 1530 n.Chr. auch so benannt). Ob es in dem einen oder anderen Fall richtig gewesen ist etwas zu zerstören, mag ich nicht entscheiden. Dennoch gab es solche Handlungsweisen bereits seit dem Alten Testament. Eine Göttin, die unter anderem sehr verehrt wurde, war Astarte, in Mesopotamien als Ishtar bekannt, bei den Sumerern hieß sie Inanna, bei den Griechen Aphrodite und bei den Römern Venus. Sie galt als Liebesgöttin und Himmelskönigin. Und so ist der Kult ihrer Priester und Priesterinnen mit sexuellen Praktiken verbunden. Da in diesem Fall sowohl in geistlicher, göttlicher Weise, wie auch in körperlicher Weise Handlungen stattfinden, kann ohne Weiteres von Unzucht gesprochen werden. Dies geschah zumeist an eingesetzten Holzpfählen und auch unter Bäumen. Heutzutage betet man solche Götter nicht mehr direkt an aber, wieviel Menschen haben ihr Leben auf dem Altar der Pornographie gelegt?

Das die vormals im Alltagsleben installierten Handlungsweisen (unabhängig von dem letztgenannten Thema) selbst unter den „Leitern" und den Sprachrohren Gottes (Propheten) nicht spurlos vorbei gehen sehen wir. Weil sie auch andere Götter

mitanbeten leben sie in der Lüge; sowohl sich selbst, als auch anderen gegenüber. Ein Punkt, welcher noch schwerer wiegt ist: Sie die eigentlich das Volk zu seinem Gott führen und auf IHN hinweisen sollen, befürworten nicht nur den Weg, der sich von Gott abwendenden Leute sondern halten die Menschen sogar zur Abkehr an und um es auf die Spitze zu treiben, wollen sie sogar in dieser Haltung „besser" als die Nationen sein. So werden schließlich alle möglichen und unmöglichen Götter angebetet. In diesem Fall werde ich auf eine Auflistung der Namen verzichten. Die angeblichen Eigenschaften derer sollen aber nicht unerwähnt bleiben. Da gibt es Kriegsgötter die sich auch einen Königstitel zulegen, Fruchtbarkeitsgöttinnen die sogar den Himmel für sich beanspruchen. Götter deren Stärke alles niederwalzt was sich ihm in den Weg stellt, andere deren scheinbare Weisheit aus allen Knopflöchern quillt usw. usw. Und es kümmert sich kaum jemand darum, dass diesen „Scheingöttern" auch Menschen in dem einen oder anderen Fall geopfert werden. Und somit wird Jerusalem mehr und mehr mit Unrecht und Blut gebaut und gleichzeitig zerstört.
Dass solch eine Handlungsweise in Gottes Augen nicht bestehen kann, darf, wird und ist, ist verständlich. Und

einhergehend mit der Offenbarung durch Wahrheit werden all die Tradition und der falsche Glaube bloßgestellt. Weiterhin wird ER Jerusalem taxieren und den ganzen angehäuften Schmutz wegwaschen. Darunter werden auch Menschen sein, die sich zu Gegnern Gottes entwickelt haben.

Negative Beziehung zu Mitmenschen
Wenn ein Volk keinen Halt in Gott hat ist sich jeder selbst der Nächste. Und das drückt sich auch in der Lebensweise und in dem Miteinander aus. So findet man folgende Grundhaltungen: Egoismus, Stolz, Prahlerei, Boshaftigkeit, Hochmut, Überheblichkeit, Gleichgültigkeit gegenüber anderen. Um einander ausstechen zu können ist man darauf bedacht Wissen, Erkenntnis, Weisheit anzuhäufen aber, das ist alles nur Kopfwissen. Feiern steht ganz oben auf der Lebensliste. Und so wird als Folge davon von Trunkenheit an Alkohol und Trunkenheit an Gewalt gesprochen. Und eine Momentaufnahme würde folgendes ergeben:
Es gibt Bedrängung, Weh und Wehgeschrei, weil Unrecht ausgeübt wird. So ist Jerusalem von/mit Schrecken, Unterdrückung und Gewalttätigkeit erfüllt.

Dies geht bis zu einem Vergießen unschuldigen Blutes in der ganzen Stadt. Aber dabei bleibt es nicht. Weitergehend ist die Haltung zur Verführung Böses zu tun, ja sogar noch mehr als die Nationen, die Gott gerade aus diesem Grund aus dem Land, welches Israel bekommen sollte, vertrieb. Die Regierenden und die Vermögenden häufen sich immer mehr Besitz zu Lasten Ihrer Mitmenschen auf. Und das betrifft alle Bereiche. Sie sind die Be-Herr-scher des Volkes. Bei Widerständen machen sie schnell einen Rückzieher und übernehmen keine Verantwortung oder fallen in das Gegenteil und gehen umso rücksichtsloser vor. Die Folge dessen ist:

Der Zusammenbruch einer Gesellschaft. Es gibt keine Schönheit, keine „Wonne", die einstige Pracht welkt dahin, so dass selbst Helden schreien und Friedensboten ob dieser Zerstörung weinen.

Positive Beziehung zu Gott

Aber es gibt auch positive Beziehungen und Zeiten zu und mit Gott. Die Götzenbilder werden aus Jerusalem gebracht und komplett zerstört. Auch werden alle Heiligtümer und Höhenheiligtümer zerstört. Totenbeschwörung, Wahrsagen (u.a. Astrologie),

Hausgötzen, Götzen und andere Scheusale werden abgeschafft. Die Götzenpriester sind aus Jerusalem ausgeschlossen. Und auch die Priester, die nicht allein Gott anbeten, haben keinen Zutritt zum Altar des Herrn. Niemand folgt seiner Verstockung (seiner Herzenshärtigkeit). Es wird stattdessen Buße gepredigt und die Leute kommen in Demut nach Jerusalem und demütigen sich auch von ihrer Hochmütigkeit. Nicht nur Jerusalem wird gereinigt sondern auch „das Fett / die Vorhäute der Herzen beschnitten". Und der Berg Moria ist wieder der Ort für den er gemacht wurde: Eine Stätte der Hingebung. Aus dieser Haltung heraus wird der Geist der Gnade und des Flehens zu Gott ausgegossen. Die Folge ist: Positive Dinge halten Einzug, die Herrlichkeit (in Form der Bundeslade) wird nach Jerusalem zurück gebracht, Gott sammelt die vormals Zerstreuten in Jerusalem und SEIN Hirte zählt die „Schafe" die an ihm in die Stadt vorbei ziehen. Ihnen ist es eine Freude nach Jerusalem zu kommen. Und damit halten, mit all dem Guten und Schönen, auch Balsamöle, Gold und Edelsteine Einzug.

Es ist ein Verlangen dem Herrn ein Haus zu bauen, damit ER unter SEINEM Volk, in dessen Mitte, wohnen bleibt und so wird der Grundstein gelegt. Aber, Gott macht klar, dass ER SEINE Stadt und SEIN Haus baut. ER legt den Grundstein und auch die Meßschnur an. Auch wenn Jerusalem anfangs eine feste geschlossene Stadt ist, weist ER darauf hin auf Neuland zu pflügen und nicht auf Dornen. D.h. das vorher Gesagte kann und darf nicht auf dem/über dem Alten aufgebaut werden. Das Alte muss vorher aus dem Boden entfernt werden.

Eine Person gibt eine Vorbildfunktion: Melchisedek. Er ist dem Namen nach der „König der Gerechtigkeit". Und vom Ortsnamen her der „König des Friedens" (Salem/Jerusalem). Aber nicht nur das, er ist zudem auch der „Priester des Höchsten". Er brachte/bringt Abraham, und in dessen Person somit Israel, Brot und Wein entgegen. Aus diesen Anfängen entsteht Zions Wohnung. Dort herrscht Gott als König. Und weil ER dort auf ewig wohnt, ist dort in Jerusalem auch „SEIN Thron". ER ist aber auch gleichzeitig Vater. Und ein wichtiges Charaktermerkmal ist, dass ER gerecht war, ist und immer sein wird. Aber ER weist auch darauf hin, dass einem kommenden Retter für die Erde, das Recht und deren Ausübung gehört. Nicht nur die Bestimmungen sondern, das ganze Wort breitet sich weiter aus und wird verinnerlicht, weil es beständig vorgelesen wird. Die Feiern (u.a. Passah) werden nach einer bestimmten Ordnung ausgeführt und es sind nicht nur einzelne, nein es ist die ganze Versammlung aller Anwesenden zugegen. Neben den Gaben für den Herrn werden auch Opfer gebracht. Diese sind nicht nur materiell sondern auch in Form von Anbetung. Hierzu werden u.a. Musikinstrumente eingesetzt. Es gibt bestimmte Menschen (Leviten), die dafür eingesetzt sind nach einem bestimmten Zeitplan Gott Tag für Tag anzubeten und IHN zu loben. Und es wird nur DER EINE Gott angebetet. Diese Anbetung findet in Jerusalem statt. Zudem verschafft Gott SEINEM Volk in Jerusalem Ruhe denn, ER beschirmt, errettet, schont und befreit es.

Jerusalem ist Taumelschale + Stemmstein für alle Nationen und selbst Juda (welches in diesem Fall für die althergebrachte Tradition steht) kämpft gegen es. Aber der Herr kämpft mit Eifer für Jerusalem. Und aus diesem Grund werden die Besiegten nach dem „Aufstehen" Gottes kontinuierlich nach Jerusalem kommen um den Herrn anzubeten.

Für die Bewohner gibt es Trost denn, sie sehen die Gerechtigkeit Gottes. Gottes Ruhm und Schmuck besteht unter anderem darin, dass ER Jerusalem Gutes tut und Frieden schenkt. Damit wird Jerusalem anmutig, zur überschwänglichen Freude und zum Lobpreis für Gott auf Erden. Auf den Straßen ertönt eine neue Stimme des Wohlgefallens und der Freude – es ist die Stimme des Bräutigams und SEINER Braut. Man kann nicht anders als egal wo man ist Jerusalem im Sinn zu haben. Die Entwicklung geht später jedoch dahin, dass der Ölberg sich spalten wird und diese Spalte sich zu einem Tal von Nord nach Süd entwickelt. Und noch eine weitere Zeit später, wird alles um Jerusalem zu einer Niederung, bis schließlich die „menschliche Stadt Jerusalem" verworfen wird.

Positive Beziehung zu Mitmenschen
Natürlicher Weise hat eine positive Beziehung zu Gott auch eine Auswirkung auf die Bewohner Jerusalems. Es wird sich nicht nur in Jerusalem versammelt sondern auch darin gewohnt und zwar in Ruhe. Eine Stimme des Weinens und Wehgeschreis wird man darin vergeblich suchen. Selbst Propheten und Prophetinnen wohnen in der Stadt. Um eine Ordnung zu haben sind Leviten, Priester und Familienoberhäupter eingesetzt die Gott und der Stadt dienen. Gebet und Fürbitte an Gott, ist eine natürliche Sache. Finanzielle Mittel und

Gaben werden eingesetzt und nicht nur verwaltet. Hier erhalten Priester und Leviten einen Anteil um ihren Dienst zu tun. Auch wird bei Sammlungen an die Bedürftigen gedacht. Das Resultat: Jerusalem wird zum Quellort alles Guten.

Aus dem zuvor geschilderten erkennten wir: Jerusalem ist von den Haltungen in Vielem nicht viel anders als andere Orte, Städte, Landstriche dieser Welt durch die Jahrtausende hindurch. Was Jerusalem zu etwas Besonderem macht ist die unmittelbare Verbindung die Gott zu dieser Stadt erklärt hat. Somit ist sie u.a. Beispiel, Maßstab und Gradmesser für Gottes Handeln.

Nachdem wir uns die Negativen und Positiven Haltungen in seelischer und geistlicher Hinsicht angeschaut haben, kommen wir nun zu den zwei wichtigsten Kapitel der Geschichte Jerusalems in Gottes Sicht und SEINER Glaubenden. Es betrifft das Kapitel „vor und während des 1000jährigen Reiches" und das des „Neuen Jerusalem" und welche „Rolle" jeder Einzelne darin spielt.

Jerusalem und die Gläubigen (an den EINEN Gott) kurz vor und während des 1000jährigen Reiches

Soviel wurde in diese Situation hineininterpretiert und wenn ich nun auch darüber schreibe dann, aus dem Grund ein geordnetes Bild aufzuzeigen, damit der Gläubige sich darauf vorbereiten kann. Viele verbinden fälschlicher Weise das tausendjährige Reich mit dem Neuen Jerusalem. Andere wiederum haben in der Vergangenheit ihr eigenes tausendjähriges Reich aufbauen wollen. Aber wie ich bereits an anderen Stellen hingewiesen habe, kein Reich aus eigener Kraft ohne Gott bzw. ohne Gottes Mandat kann und wird bestehen. Gott wird kein Reich neben sich dulden. Kommen wir nun zum Thema.

Vor dem 1000jährigen Reich

Viele bezeichnen diese Zeit auch als Endzeit. Ich möchte diese Zeit lieber als Vorbereitungszeit bezeichnen. Warum?

Weil Jesus selbst darauf hinweist, dass wenn Er wiederkommt seine Jünger bei Ihren Aufgaben vorfinden möchte; und diese sind ganz individuell. Damit ich richtig verstanden werde. Es geht nicht um Werksgerechtigkeit als vielmehr um den handelnden

Glauben. In dieser Vor-Zeit werden die Unterschiede zwischen den Gläubigen und den Ungläubigen immer ausgeprägter. Die Einen werden ihre Haltung immer mehr gegen Gott ausleben während die Anderen umso klarer ihre Stellung für Gott beziehen. Dabei wird Jerusalem ein nicht unerheblicher Faktor sein denn, Gott hat es zur Taumelschale + Stemmstein ausgewählt.

Ein Ort an dem sich im wahrsten Sinne die Geister scheiden. Weil Jerusalem auch schon jetzt mit allem, was das Volk Israel ausmacht und was in Beziehung zu dem EINEN Gott steht, assoziiert wird. Die, welche sich demütigen kommen nach Jerusalem. Und zwar nicht nur im körperlichen Sinne. Sie werden kommen, den Herrn anflehen und Gnade für ihr Hilfeschrei erhalten.

Warum meine ich – „nicht nur im körperlichen Sinne"?
Dies habe ich aufgrund mehrerer Aussagen von Paulus gesagt. Er weist darauf hin, dass wenn wir eine Entscheidung, unser Leben Jesus zur Verfügung übergeben, getroffen haben, keine Gemeinsamkeit mehr mit dem Weltsystem existiert. Denn, dieses ist ungöttlich geprägt. Daher ruft auch der Schreiber des Hebräerbriefs auf die zukünftige Stätte / Stadt zu suchen, weil wir hier Nichts Bleibendes haben.

Die Gedanken eines Christen sollen darauf gerichtet sein sich mit dem Göttlichen, den Himmeln, den Wahrheiten und deren örtlichen Begebenheiten auseinander zu setzen. Jeder hat die Möglichkeiten sich Schätze bei Gott anzusammeln. Jeder hat die Möglichkeit sich Gedanken über seine „himmlische" Behausung zu machen. Wenn jemand daran gelegen ist, es nicht nur gerade geschafft zu haben in den Himmel zu kommen oder es die Absicht ist nicht in die Hölle zu kommen dann, ist dies einfach zu wenig. Schließlich werden wir dort die Ewigkeit verbringen. Hier sei als Hilfe noch Philipperbrief Kapitel 4 Vers 8 angeführt.

Wie manches zeitlich einzuordnen ist (gem. Offenbarung) spielt weniger die Rolle denn, es geht nicht darum um zum Punkt X fertig und abmarschbereit zu sein. Wir warten nicht darauf, dass Jesus uns mit einem „göttlichen" Zug abholt. Paulus schreibt darüber, dass unser Leben allezeit so gestaltet sein soll, dass es nach aktuellem Wissens- und Offenbarungsstand des Einzelnen keine Beanstandung gibt. Deshalb wird es die Christen geben, die über die Gräuel die in ihrem Umfeld geschehen (und zum Teil leider auch dem weltlichen Handeln unter den Christen) seufzen und stöhnen. Diese Haltung ist nicht aufgrund des eigenen erlebten Unrechts sondern in Bezug auf die Identifikation mit Gottes Absichten. Diese werden von Engeln nach Gottes Beauftragung hin gekennzeichnet. Ob diese Menschen das spüren oder wissen kann ich an dieser Stelle nicht sagen. Aber ich gehe mal davon aus. Jedenfalls ist dies der Überrest, der auch als Berufene bezeichnet wird. Sie sind diejenigen, welche um Christi Willen überwinden. Und sie werden zu „Pfeilern im Tempel" Gottes. Von dort werden sie nie mehr hinaus gehen. Sie sind/werden gekennzeichnet mit dem Namen Gottes, dem Namen der zukünftigen Stadt Gottes und den offenbarten Namen des Herrn. Und wenn ich hier von Pfeiler spreche dann, ist es keine Säule sondern eine Person der Unerschütterlichkeit und der Tempel ein Ort der Anbetung und der wahren Begegnung Gottes. Nochmals gesagt, wenn wir anfangen wollten die Zeiten einzuordnen, um den Grad der Heiligung festzulegen, sind wir auf dem „falschen Dampfer". Es hilft niemandem wenn er/sie sich mit Anderen vergleicht um sich zu rechtfertigen, dass man eher das Recht hat um ins Reich Gottes zu kommen.

Das Kriterium sind nicht die Anderen!
Das Kriterium ist auch nicht man selbst!
Das Kriterium, wenn wir schon einen Maßstab ansetzen, ist Christus!

Während des 1000jährigen Reiches
Jesus Christus wird den Beginn des 1000jährigen Reiches einleiten. All die Zerstörungen und „Wehen" wie sie in der Offenbarung beschrieben sind, werden vor der Wiederkunft Christi geschehen. Denn bis zu diesem Zeitpunkt haben die Menschen die Möglichkeit umzukehren und Jesus Christus als Herrn anzunehmen und zwar freiwillig. Dies bedeutet und beinhaltet den Zugang zum Reich Gottes, dessen oberster Vertreter Gott der Vater, Jesus der Sohn und der Heilige Geist ist. Und Jesus wurde aufgrund seiner Hingabe explizit zum Höchsten Vertreter ausgerufen. Eine Folge dessen ist: Wenn Jesus zum 2.mal kommt, wird Er nicht darum bitten von den Menschen Recht zu bekommen. Nein, Er kommt nicht nur in Seinem Namen sondern auch im Namen des himmlischen Vaters. Daher wird Er sich das Recht und die Gerechtigkeit nehmen, weil sie Ihm gehören. Er wird sich auf den Berg Zion setzen denn, Jerusalem ist der Thron des Herrn. Dort wird Er das

Königtum Gottes sichtbar werden lassen. Und von dort aus wird Er über die Erde und den Himmel herrschen. Es wird festgestellt (in Zion und Jerusalem), dass Er als König der Gerechtigkeit und König des Friedens in dieser Zeit auch weiterhin der Mittler zwischen Mensch und Gott ist denn, Er wird Priester des Höchsten nach der Art Melchisedeks genannt. Und es wird auch festgestellt, dass Sein Wohnort in Ewigkeit Jerusalem sein wird. Warum wird Er in dieser Zeit weiterhin Mittler sein?

Weil zu dieser Zeit das Buch des Lebens und das Buch der Taten aufgetan wird. Das Buch des Lebens beinhaltet all die Namen derer, die Jesus als Herrn angenommen haben bzw. ihren Glauben zu Gott vor dem ersten Kommen Jesus bewiesen haben. Und das Buch der Taten beinhaltet nicht all die guten Taten die der-/diejenige jemals gemacht hat sondern die Taten, die im Sinne Gottes waren oder von IHM inspiriert ausgeübt wurden. Auch wenn Gott und auch Jesus und der Heilige Geist alles wissen, geht es hier um eine klare Auseinandersetzung mit einem Leben. Das geschieht wie in einem Gerichtsprozess. Damit alles in Ordnung und in Gerechtigkeit geschehen kann. Das dies eingedenk der Jahrtausende und den damit verbundenen Menschen seine Zeit benötigt, ist glaube ich auch verständlich. Kommen wir nun zu der Veränderung, welche Jerusalem in dieser Zeit baulicher Weise erfahren wird. Nun es heißt, dass Jesus Jerusalem aufbauen wird und zwar das Irdische, wie das himmlische. Er ist derjenige, der die Meßschnur anlegen lässt. Alles, was nicht der Anbetung und der Verehrung des EINEN Gottes, der Himmel und Erde gemacht hat gilt, wird entfernt. Es wird weder Götzen noch Götter neben Gott dem EINEN geben. Im Übrigen bin ich davon überzeugt, dass all die Götter und Götzen in Persona – die Gefallenen Engel sind, die sich unter dem Teufel einen neuen Machtbereich gesucht hatten. Aber diese werden genauso wie der Teufel selbst für diese Zeit des 1000jährigen Reiches weg-geschlossen, sodass sie in keinster Weise auf Irgendetwas Einfluss nehmen können.

Durch die Abwesenheit des Bösen wird Jerusalem unter anderem in Sicherheit wohnen denn, Gott selbst verschafft SEINEM Volk Ruhe. Er bringt Trost und spricht erneut die Erwählung Jerusalems zu Seiner Stadt aus. Aus dieser Situation bleibt es nicht aus, dass man in den Städten Judas und in Jerusalem die Stimme der Freude und Wonne hören kann. Und besonders diejenigen die Jerusalem lieben, haben Freude und leben in der Ruhe, weil es ihre Stadt ist und sie ist der Ruhepol und Zufluchtsort und Festung, sprich Heimat für ihr Leben. Und die Stadt wird auch als „Der Herr unsere Gerechtigkeit" genannt. Dies wird jedoch nicht der Name sein, welchen das neue Jerusalem haben wird. Und durch die Tore Jerusalems im 1000jährigen Reich werden Könige und Oberste einziehen, die auf dem „Thron Davids" sitzen werden. Was ist der Thron Davids?

Es ist der Thron der demütigen Leitung/Führung. Warum tun sie das oder dürfen dies tun? – Und wer sind diese Leute?

Nach meinem Verständnis sind dies Menschen, denen Gott Autorität verliehen hat um in SEINEM Sinne Dinge zu verwalten. Weiterhin wird im Neuen Testament auch gesagt, dass die welche überwinden selbst Engel richten werden. Etwa die Engel bei Gott? – Das vermag ich nicht zu sagen. Aber ganz bestimmt sind es die gefallenen Engel. Wie wird dies geschehen? – Zum einen durch die Bekräftigung ihres Lebens mit dem sie Jesus nachgefolgt sind und noch vielmehr durch die Wahrheit des Wortes Gottes. Denn, Jerusalem wird erfüllt von der Lehre der Weisheit und der Weisung und dem Wort des Herrn sein. Erstaunlicher Weise wird es in Jerusalem keine Greise und Greisinnen geben. Warum?

Zum Einen werden die Menschen dann nicht mehr altern und zum Anderen werden bei denen die mit Jesus gehen und gegangen sind, deren Innerer Mensch bis zum endgültigen Status Quo jeden Tag erneuert. Soweit sie mit Jesus leben!

Und es gibt auch kein Tränental mehr. Stattdessen wird Jerusalem zu einem Quellort (ich komme später nochmals darauf zu sprechen). Aufgrund der ganzen Atmosphäre die in Jerusalem vorherrschend sein wird, wird dazu aufgerufen sich in Kraft und in Prachtgewändern zu kleiden. Schließlich soll sie als Freudenbotin mit Macht ihre Stimme erheben und ausrufen: Da ist Euer Gott.

Von diesem Zeitpunkt an wird Jerusalem eine offene Stadt bleiben. Während der Berg des Hauses des Herrn über alle Berge und Hügel feststehen wird, werden sich andere Dinge sichtbar ändern. Zum Einen wird sich der Ölberg teilen in West und Ost denn, es wird sich eine Spalte von Nord nach Süd bilden. Wie lang diese sein wird ist nicht gesagt, auch nicht wie bzw. wodurch dies geschehen wird. Ob nun zu diesem oder zu einem späteren Zeitpunkt, ist ebenfalls nicht genau gesagt, wird das Land, außer Jerusalem (welches bestehen bleiben wird, eben werden. So wie mein Verständnis ist und was ich erkennen kann, wird es im 1000jährigen Reich auch einen Tempel bzw. Tempelbereich geben. Diesen kann man jedoch mit dem bisherig gekannten nicht vergleichen. Da Jesus ein ein- für allemal gegebenes Opfer dargebracht hat, wird es keine weiteren Opfer mehr geben. Und somit keine Händler. Der ganze Berg und alles was sich in diesem Gebiet befindet, wird heilig sein und heilig heißen. Nach Ende des 1000jährigen Reiches wird der Teufel und seine Anhänger nochmals für eine kurze Zeit freigelassen werden. Wie kurz das sein wird, ist nicht beschrieben. Was aber deutlich hervorgeht: Er wird alles versuchen, was ihm möglich ist habhaft zu werden, auch die Gegner Gottes, zu mobilisieren um mit militärischer Stärke gegen Gott anzugehen. In erster Linie geht es ihm darum alles, was Gott geplant oder initiiert hat zu zerstören; angefangen bei Jerusalem, weitergehend bei den Gottestreuen Menschen, bis hin zu dem Funken an Hoffnung doch noch die Herrschaft zu übernehmen. Dies geschieht mit einer bis dahin noch nicht geoffenbarten Gewalt. Aber Gottes Himmel und SEINE

Stadt werden ebenso, wie die Gottestreuen, standhalten. Nachdem die „Schlacht" nicht den erwünschten Sieg für den Teufel gebracht hat wird Gott mit Allem ein Ende bereiten: Teufel, Tod, Hades werden ebenso wie alle abtrünnigen im Feuersee enden. Aus diesem gibt es, wie Gott es eingerichtet hat, kein Entkommen. Ob der See auch noch im neuen Himmel und Erde vorhanden sein wird, sei erst einmal dahin gestellt.

Neue Himmel, Neue Erde, Neues Jerusalem
Jedenfalls werden Himmel und Erde neu geschaffen werden. Der alte Himmel, besser gesagt die alten Himmel und die alte Erde werden wie eine Buchrolle zusammengerollt. Das Kapitel ist damit abgeschlossen und wird auch nicht mehr geöffnet werden. In welchem Zeitraum das geschehen wird ist nicht klar aber ich frage: wie lange braucht es um eine Buchrolle zusammen zu rollen?
Dann kommt auch noch die Frage auf: was passiert mit den Gottestreuen und den treuen Engel? – nun dadurch, dass sie einen anderen Körper haben, werden sie sich mit Wahrscheinlichkeit in Gottes Gegenwart

aufhalten. Und dann werden neue Himmel und eine neue Erde geschaffen.

Und warum werden diese ganz neu geschaffen? – Weil alles mit dem Antigöttlichen in irgendeiner Art und Weise kontaminiert ist (befleckt, durchdrungen). Das können wir im Buch Jesaja Kapitel 24 Vers 5 und Buch Maleachi Kapitel 3,16 nachlesen. Was den Bezug zum Himmel betrifft seien hier angeführt: 1.Buch Mose Kapitel 6, Buch Hesekiel Kapitel 28 Vers 6 und Buch Offenbarung Kapitel 12,9. Da Gott und Gottes Umgebung rein und heilig sein und bleiben muss, kann es keine Alternative zu einem totalem Neuanfang geben.

Nach der Erschaffung neuer Himmel, Erde und Jerusalem

Gut jetzt ist alles neu geschaffen. Wie sieht es dann aus? Was passiert dann?

Zum wichtigsten: Gott hat die volle Herrschaft übernommen. Wie? – Indem Jesus alles der Herrschaft Gottes unterstellt und untertan gemacht hat und Er sich selber der Herrschaft des Vaters unterstellt hat. Wenn dann das neue Jerusalem wie eine geschmückte Braut aus dem Himmel kommt (vielleicht aus Gottes

Gedanken heraus geschaffen?), wird es auch kein Meer auf der Erde mehr geben. Warum? – Weil es mit dem Tod vieler als Sinnbild behaftet ist. In dieser Stadt des lebendigen Gottes wird es auch keinen Tempel mehr geben, da Jesus ein Opfer für alle Zeit gegeben hat und Gott direkt bei den Menschen wohnt. Und das neue Jerusalem kommt mit Myriaden (unzählbare Menge) von Engeln und wird ihren Anfang auch mit einer Festversammlung nehmen, die im Übrigen beständig vorhanden sein werden. Denn Zion wird dann Stadt der Festversammlungen genannt. Hier inmitten Jerusalems wird Gott wohnen, inmitten SEINES Volkes. Auch braucht es keine Sonne oder andere Lichtquelle denn, ER ist ihr Licht trotz weiterer Planeten. Wie und in welcher Form, das müssen wir Gottes weiser und kreativer Art überlassen. Was uns zudem genannt wird sind die weiteren Namen des Neuen Jerusalem (das hat nichts mit dem Namen an den Stirnen der Gottestreuen zu tun). Ich werde diese Namen hier aufzählen und einen kleinen Kommentar dazu abgeben. Als erstes ist es der Thron des Herrn – hier wohnt und regiert Gott der Allmächtige der Herr der neuen Himmel und der neuen Erde. Als nächstes wird diese Stadt heilig genannt – da Gott heilig ist, sich in

SEINER Gegenwart nicht unheiliges befinden kann und auch alle Menschen, die jetzt noch vorhanden sind, erlöst, heilig sind und in 100% mit Gottes Willen übereinstimmen. Dies ist das wahre Jerusalem. Eine Stadt des Friedens, in der weder Aggressivität noch Gewalt und Anfeindungen vorhanden sind. Allerdings sehe ich nicht, dass das neue Jerusalem von der Ansicht her alles mit dem vergangenen Jerusalem gemein haben wird. Denn so vieles wurde im Laufe der Jahrtausende geändert und oft nicht zum Positiven. Sie wird ewige Wohnstätte + sorgenfreie Wohnstätte genannt – da die Wohnstätte immer bleiben wird und es wird an nichts (was gut ist) Mangel geben.

Warum wird Jerusalem dann als Mutter aller Mütter bezeichnet? – Weil dies der Ort ist an dem Gott die SEINEN um sich schart, wie eine Mutter ihre Kinder. Es ist in SEINER Nähe der Inbegriff von Geborgenheit, Annahme und Zuspruch. Weiterhin wird Jerusalem Stadt der Freiheit genannt. Und dies wohl aus mehreren Gründen. Es ist die Erinnerung an die Erlösung die durch Jesus an dem Ort gleichen Namens geschah. Freiheit wurde erwirkt und zwar Freiheit von Sünde aber auch die Freiheit von jeglicher Unterdrückung und Ungerechtigkeit. Und schließlich die

Freiheit aller Kreativität mit dem wahren Sein zu leben. Dieses Jerusalem ist die Stadt der Treue denn, Gott hat Seine Treue zu den Gläubigen erwiesen, die ebenfalls ihre Treue ihrem Gott erwiesen haben. Aber nicht nur das! – Diese Treue besteht auf der Grundlage der Wahrheit SEINES Wortes. Darum braucht es nicht und wird nichts verschoben oder verändert denn, die Stadt ist fest gegründet und wird gehalten durch Gottes Person und jeglichem Ausfluss SEINER Herrlichkeit. Wenn wir nun uns den „Inhalten" des neuen Jerusalem zuwenden, sehen wir keine einzige negative Aussage und für manchen scheint es zu schön um wahr zu sein. Aber es ist wahr, da es nicht auf menschliche Anstrengung sondern auf göttlich festgelegter Ordnung basiert. Schauen wir uns erst einmal an, was es *nicht* gibt (und zwar niemals, never ever). Als erstes gibt es kein Weinen und kein Wehgeschrei. Und das liegt daran, dass es niemanden mehr gibt, der den anderen übervorteilt, ausnützt beherrscht oder enttäuscht. Alle gehen mit Liebe und Respekt für einander um. Was uns vielleicht etwas befremdlich erscheinen könnte ist die Aussage, dass kein Fremder mehr die Stadt durchziehen wird. Geht es hier um Ausgrenzung, Abgrenzung oder sonstige Abwehrhaltung?

Keineswegs! – Paulus drückt es so aus: „ … dann werden wir Ihn erkennen, wie wir bereits von IHM erkannt sind". Das bedeutet: Jeder der in der Neuheit der Himmel und Erde und neuen Jerusalem lebt ist kein Fremder denn, er gehört als Bürger des neuen Reiches dazu. Dann geht es weiter mit den inneren Werten. Es wird keine Verstocktheit und kein böses Herz geben. Weil es keine andere Entscheidung gegen Gott mehr gibt. Jeder der dort Anwesenden hat grundsätzlich und für immer die Entscheidung für Gott und SEINE Maßstäbe getroffen. Es kann und wird für sie kein „Anti" in Bezug auf Gott geben. Aus diesem Grund muss und wird Gott auch kein Bann aussprechen müssen. Und wie ich bereits schon erklärt habe ist alles heilig. Es gibt nichts Unreines mehr auch keinen unreinen Menschen. Es gibt auch kein unbeschnittenes Herz mehr. Jeder der nun lebt ist auf das Werk Christi gegründet, weil er/sie die Entscheidung getroffen hat sich durch das vergossene Blut von Jesus reinigen zu lassen und sein Herz im Sinne Gottes zu beschneiden. 100% Übereinstimmung mit Gott als Person, 100% Übereinstimmung mit Gottes geschriebenen und gesprochenen Wort und 100% Übereinstimmung mit dem was Gott tut. Als letzte Aussage die gemacht wird ist: Es wird kein Greis oder Greisin auf den Plätzen Jerusalems bzw. der neuen Himmel und Erde geben. Warum? – Auch hier gibt uns die Bibel eine klare Aussage. Paulus erwähnt in einem der Briefe, dass unser innerer Mensch jeden Tag erneuert wird. Der äußere Leib ist zudem der Vergänglichkeit unterlegen. Und zudem wird der Mensch in dieses wahre Ich beim Eintritt in Gottes Reich verwandelt. Das bedeutet, dass Nichts mehr der Vergänglichkeit unterliegt. Daher gibt es auch kein Alterungsprozess mehr. Und die Basisgrundlage des Wissens, soweit er die noch nicht hat, wird ihm/ihr auch hinzu getan. Man muss also nicht alt werden um Weisheit und Wissen zu besitzen. Wie es mit den Kleinkindern ist, die früh in den letzten Jahrtausenden gestorben sind kann ich nicht hundertprozentig sagen aber, es gibt auch da ein paar Aussagen, die mich glauben lassen, dass sie bei Gott einen besonderen Platz haben und somit auch in Gottes neuer Welt leben werden.

Zuvor hatte ich bereits gesagt, dass die Menschen die dann hier leben heilig sind. Und es gibt noch Einiges mehr mit anzuführen. Diese sind es, die nicht nur erlöst sind sondern sie wurden registriert, aufgeschrieben zu leben. Von all Diesen – wird ihr altes Kleid, also nicht nur was sie angezogen haben sondern auch die leibliche Hülle, weggetan. Und dann? Was werden diejenigen zum Anziehen haben? – Nun erst einmal haben sie einen verwandelten Leib und weiter kleiden sie sich ab jetzt mit Pracht-Gewändern. Das sind Gewänder, Klamotten, die Gott alle Ehre machen. Auch wird man sich in Kraft kleiden. Es gibt keine Schwäche in körperlicher wie in geistiger, wie geistlicher Art mehr. Und da deren Körper dann nicht mehr der Vergänglichkeit unterliegt, wird es für sie auch keine Krankheit und Tod mehr geben. Zumal diese sowieso entfernt wurden. Außerdem benötigt der Mensch keine Sonne und kein Mond mehr. Gott selbst ist ihre Sonne und Licht. In welchem Maß das Auswirkungen auf Pflanzen und Früchte haben wird kann ich nicht sagen. Aber, dass sie vorhanden sein werden ist unbestritten denn, warum wird sonst so viel von Hochzeits- und Festversammlungen gesprochen. Aufgrund des Geheiligtseins und des Einklanges mit Gott wird auch ein geordneter Umgang mit allen Pflanzen vorhanden sein. Allerdings wird es wohl keine weitere Notwendigkeit der menschlichen Fortpflanzung geben und somit wird das Geschlecht ebenfalls eine untergeordnete Rolle spielen. Schließlich hat Jesus selbst gesagt, dass die Menschen nicht mehr heiraten oder verheiratet werden denn, sie sind den Engeln gleich. Und wenn dem so ist, unterliegt auch keiner der Menschen jemals wieder der Geschlechterfrage. Ich kann also nach all den Aussagen des Wortes Gottes feststellen:

Der neue Mensch unterscheidet sich grundlegend zu dem irdisch behafteten Menschen. Abschließend gibt es noch drei Dinge, die ich erwähnen möchte. Das Verhältnis Gottes zu SEINEM Volk und umgekehrt wird grundsätzlich ohne Zweifel (die gibt es dann auch nicht mehr) durch bzw. in Treue und Gerechtigkeit bestimmt und es wird Versammlungen aus den verschiedensten Gründen geben, diese werden aber immer aufgrund des Namens des Herrn stattfinden. Bei all dem „frohlockt" Gott über Jerusalem und freut sich nun über SEIN Volk.

Das Verhalten der Christen vor der Umwandlung

Als Christ, der an das Erlösungswerk glaubt, angenommen hat und getauft ist, bestehen bereits jetzt andere Voraussetzungen, die es zu bedenken und zu beachten gilt. Und das fängt damit an, dass diejenige Person jetzt schon in das Reich Gottes versetzt worden ist. Dieser Mensch gehört im Grunde genommen nach nicht mehr zur Welt oder besser gesagt zum Weltsystem. Er lebt zwar noch hier auf der Erde und in der Welt aber, er befindet oder besser gesagt er ist exterritoriales Gebiet, wie zum Beispiel eine Botschaft mit Gebäuden in einem anderen Land. Es gelten die Gesetze des jeweiligen Landes auf dem Botschaftsgelände, das der Botschaft gehört. Bis dahin können Viele noch zustimmen. Was ich jetzt sage, sollte aber auch zur Normalität gehören. Nämlich: Jeder Christ, so wie ich es zuvor beschrieben habe, kann die unsichtbare Welt, also das Reich, wozu er/sie nun gehört sehen bzw. auch erkennen. Anderen die nicht das Erlösungswerk Jesu angenommen haben, ist es nicht möglich einen Einblick darin zu haben. Sie können vielleicht etwas von der Atmosphäre oder Aura spüren aber können diese nicht erfassen (unter normalen Umständen). Da es jedoch hier darum gehen soll, wie die Situation eines Christen/Christin ist, werde ich von diesem Zeitpunkt nicht weiter den Vergleich zur Welt zu Rate ziehen. Weiter fortführend kann ich sagen, dass jeder Christ in welchem Ausmaß auch immer Jesus in sich trägt und somit auch das Reich Gottes. Folglich ist

dort, wo diese Person sich aufhält auch das Reich Gottes. (Wie es sich äußert, dazu kommen wir später).
Ein großes Problem, welches mancher Christ hat ist, er versteht so wenig von sich und seiner Beziehung zu Gott. Und es scheint ein beständiger Graben zwischen dem Herrn und dem Jünger zu sein. Sicher, es gibt eine Brücke, die man benutzen kann aber dennoch bleibt häufig ein Gefühl von Einsamkeit. Da der „Große" Gott hier ich der „Kleine" Mensch. Und dann funkt auch noch der Widersacher Gottes immer wieder dazwischen und will mich über Weisheiten, Wahrheiten, Unwahrheiten, Fakes und scheinbar gute Dinge belehren. Und wie kommt das zustande?
Er benutzt dazu Situationen in denen ich als Christ unsicher bin. Dann überhäuft er mich mit Informationen ob ich sie nun brauche oder nicht. Schließlich gebraucht er auch Menschen (die sich wenn auch unbewusst) gebrauchen lassen. Und so bekommt man hin und wieder von den liebsten Menschen sehr gut gemeinte Ratschläge und wenn es schlimm wird werden Prophetien ausgesprochen um Menschen in eine Richtung zu bugsieren. Wie kommt der Christ aus diesem Dilemma, zwischen den Wahrheiten oder nicht, heraus?

Es ist genauso wie Jesus es gesagt hat – Es kommt darauf an die Zeichen der Zeit zu verstehen. Nur dadurch, dass ich als Christ verstehe wer, wo und was ich bin und wohin ich gehe und was ich tue, erkenne ich die Wahrheiten. All das kann ich aber nur, wenn ich mich auch damit befasse sprich, ich muss Gottes Wort lesen und mit ihm reden. Das bedeutet ich muss nicht nur bereit sein hinzuhören sondern in eine aktive Handlung übergehen und hören. So wie Paulus es sagt, dass wir über das „Droben" nachsinnen sollen und uns auch dementsprechend ausstrecken. Und je mehr ich mich ausstrecke, desto mehr erkenne ich wer Gott ist, wer ich bin, wo mein eigentliches Zuhause ist und was „mir" gehört. Das hat ganz praktische Aspekte wie z.B. bereits jetzt eine himmlische Wohnung (Heimat, Zuhause) zu haben. Einen Ort, an dem ich Ruhe finde bzw. zur Ruhe komme. Ein Ort an dem das Wesentliche zählt. An dem es nicht darum geht „etwas zu werden" sondern Jemand zu sein. Ein „Refugium" zu haben, das nicht mit zusammen gesammelten, gerafften und erarbeiteten Dingen gefüllt ist und wird. Welches jedoch noch immer nicht zufriedenstellend ist. Nein, in dieser himmlischen Wohnung, die ich bereits jetzt als Christ bewohnen kann, hat es keinen Platz für

Unzufriedenheit, hat es keinen Platz für Habgier, hat es keinen Platz für Depression, hat es keinen Platz für ... (ich komme später noch einmal darauf zurück). Ein weiterer Aspekt, welcher mit der himmlischen Heimat verbunden ist, ist nicht nur die Erlösung/ Errettung sondern auch die Fülle. Viele haben sich über Jahrhunderte gefragt, was das bedeutet. Und ich kann hier auch nur ein kleines Mosaikteilchen hinzufügen. Das benutzte griechische Wort bedeutet nämlich nicht nur die Fülle Gottes zu bekommen sondern auch in der Fülle zu sein besser gesagt Teil der Fülle zu sein. Es ist ungeheuerlich aber, es ist so, gemäß dem Wort Gottes. Wir haben nicht nur Fülle oder bekommen sie sondern wir sind Fülle. Aus diesem Grund müssten wir uns nicht ... erarbeiten, erbeten, ausstrecken sondern einfach nehmen und dankbar sein. Weil es uns nicht nur zusteht sondern gehört. Und da kommen wir zu einer Wirklichkeit, die so Manchem nicht bewusst ist nämlich, der Unterschied zwischen Erlösung und den Taten. Was fange ich mit meinem Wissen an?

Es gibt zu Anfang bei Eintritt in das neue Jerusalem 2 verschiedene Bücher; zum Einen das Buch des Lebens in dem Alle aufgezeichnet sind, die die Erlösung Jesu angenommen haben, die Herrschaft

Gottes akzeptieren und ihr Leben danach ausgerichtet haben. Zum Anderen das Buch der Taten. Und hier prallen menschliche Vorstellung und Tradition mit Gottes Vorstellung aufeinander.

Worum geht es dabei? Jeden Tag eine gute Tat zu tun? Sich für irgendwelche hilfreichen Projekte einzusetzen und um sich und den Körper aufzureiben? Oder geht es um finanzielle Spenden an welche Organisation auch immer?

Mitnichten! – Tut mir leid, dass ich dies so sagen muss aber, Gott will nicht, dass ich etwas mache um IHN eventuell zufrieden zu stellen. Oder dass ich mich besonders gut und viel anstrenge etwas zu tun. (Da kommen wir auch schnell in eine Werksgerechtigkeit, die Gott in keinster Weise gefällt, da ER in dieser Hinsicht bereits alles erledigt hat). Also was sind diese Taten dann, die wir tun sollen, bzw. nach denen unsere Belohnung berechnet wird. Es sind die Taten und Wege, die Gott bereits im Voraus geplant hat, dass wir auf ihnen gehen und sie tun. Also nichts, was ich mir ausdenke sondern das, was auf Gottes Herz ist. Und das ist in dem einen oder anderen Fall weit weniger verbissen als ich es denke. Oder es ist aber auch manches Mal herausfordernder als ich es vorhabe.

Demzufolge hängen die Taten mit meiner Beziehung und Kommunikation mit Gott zusammen. Nur wenn ich im Austausch mit Gott bin weiß ich, was ER will oder auch nicht. Natürlich ist es für Jemanden über einen längeren Zeitraum gesehen, einfacher schnell zu erkennen, was auf Gottes Herzen ist. Aber, selbst wenn ich dabei Schwierigkeiten habe, ist Gott gern bereit mir zu helfen (außer wenn ich mir nicht helfen lassen will oder denke mir müsste alles nur so zufliegen). Ein weiterer Aspekt ist, dass ich bereits jetzt wo meine Heimat bei Gott ist, ich aber noch auf der Erde bzw. in der Welt lebe, alle Hilfe Gottes mir zur Verfügung steht, die ich benötige. Auch hier erneut gesagt: In dem Einen Fall nehme ich die Hilfe in Anspruch während ich in Anderen Fällen sie mir von Gott erbitte. Ich sage sie steht zur Verfügung und damit deute ich an, dass nicht alle diese Kraft auch in Anspruch nehmen. Dazu muss ich natürlich auch erklären, was oder besser gesagt wer diese Kraft ist. Es ist der Heilige Geist. So, jetzt könnte der Einwand kommen: Aber ich habe doch den Heiligen Geist als Erstlingsgabe des Erbes erhalten!

Das stimmt. Jedoch wird mir das nichts nutzen, wenn ich diese Tatsache nicht auch zu Rate ziehe, gebrauche, verwende. Es ist wie bei der Geschichte des unmündigen „kleinen Lord" der einen Vormund/Helfer hat, der alles kann. Und statt dass er ihn fragt um an einen bestimmten Ort gebracht zu werden, sagt er nichts und bleibt zu Hause. Jeder Christ sollte mit der Kraft aus der Höhe angetan sein. D.h. der Heilige Geist bekommt die Vollmacht von mir mein Leben im Sinne Gottes zu führen und zu leiten. Das bedeutet: Ich arbeite mit dem Heiligen Geist zusammen. Demzufolge ist der Heilige Geist nicht nur die Kraft sondern er gibt auch Kraft. Wofür?

Hier könnte ich jetzt eine Liste von mehreren Seiten aufschreiben. Ich werde es aber bei ein paar Beispielen belassen: Kraft zur Geduld im Glauben zu bleiben, Kraft in Weisheit mein Leben zu gestalten, Kraft in schwierigen Situationen durch zu halten, Kraft göttliche Dinge zu erkennen, Kraft mit meinen Mitmenschen auszukommen, Kraft göttliche Gaben in Anspruch zu nehmen und sie umzusetzen. Und da sind wir auch schon beim nächsten Thema.

Gaben und Talente.
Jedem als Christ, steht neben der Grundlage auch eine besondere Gabe/Talent zur Verfügung. Was dies bei Dir als Leser ist, kann ich nicht sagen aber, was ich

sagen kann ist, dass es Dich einzigartig macht. Diese Gabe ist zum Segen für Dein Umfeld und die Gemeinschaft der Gläubigen gedacht. Natürlich könnte die Gabe auch privat eingesetzt werden. Aber sie kommt erst wenn ich sie für Andere einsetze zur Entfaltung. Und ich übe diese Gabe in einer Natürlichkeit aus, dass es mir leicht fällt. Und dann kommen von Anderen solche Aussagen wie: „Das könnte ich nicht" oder „wie machst Du das bloß?"

Es gilt also das einzusetzen, was ich bekommen habe, bereits bekommen habe. Und hier kommt der nächste Bereich: Wir sollen uns Schätze im Himmel sammeln. Ich hatte schon zuvor erwähnt, dass es darum geht meinen Focus auf göttliche Dinge zu lenken und dass meine Taten eine Belohnung nach sich ziehen können. Aber wie in vielen Dingen die göttliche Werte betreffen, ist unser Verständnis von Schatz/Schätze, in unserem Leben in der Welt, konträr zu Gottes Ansichten. Jesus hält fest, dass wo mein Schatz ist auch mein Herz zu finden sei. Aus diesem Grund werden wir aufgefordert unsere Schätze im Himmel zu sammeln. Um was geht es denn bei diesen Schätzen?

Nun finanzielle Dinge können es wohl direkt nicht sein. Wie eine Anekdote beweist: „Fragt Einer den Anderen:

Du wolltest doch all Dein Geld Gott geben. Aber ich sehe, Du hast es immer noch. Was ist passiert?" – „Naja" antwortete der Andere. „Ich habe all mein Geld genommen, bin aufs Feld gegangen und hab Gott gesagt, dass ich das Geld in den Himmel werfen werde und Gott sich alles nehmen kann. Und was runterfällt nehme ich dann."

Es wäre fatal auf solch eine Art und Weise Schätze sammeln zu wollen. Dennoch kann ich mit Finanzen sehr wohl Gutes tun und auch mit all dem was an Guten Gedanken in meinem Herzen ist und mit meiner Tatkraft, die in dem einen oder anderen Fall zum Tragen kommt. Aber mal ehrlich gesagt: was ist das, was ich anbieten kann, gegen die Möglichkeiten die Jesus zur Verfügung stehen. Da ist es doch besser mein Augenmerk darauf zu richten. Schließlich geht es doch nicht darum mir irgendwelche Schätze zusammen zu erarbeiten. Sozusagen berechnend mit göttlichen Dingen umzugehen. Denn, letzten Endes werde ich, wenn ich bei Gott bin sowieso alles haben, was ich benötige. Im Übrigen werde ich, wenn ich in den Wegen gehe, die Gott für mich im Voraus geplant hat ohne Zweifel die Schätze einsammeln, die mir gehören. Eigentlich müsste ich mir aus diesem Grund weniger um die Schätze Gedanken machen als vielmehr um die Wege Gottes. Zusätzlich ist darüber nachzudenken, dass das was wir hier noch als Schätze betrachten, bei Gott nicht denselben Wert besitzt. Nur mal für die Überlegung: Es wäre so, wie wenn ich über einen überaus schönen Diamantring mit einem Reichen reden würde und er mir die Antwort gäbe: „Ja, ist ganz schön – dahinten kannst Du einen ganzen Berg voll von Diamanten haben."

Wenn es von etwas sehr viel gibt, wird es eben zur Normalität. Ein weiteres Beispiel dazu: Wie waren unsere Eltern in ihrer Kindheit in den 40iger und 50iger Jahren über Orangen oder Bananen begeistert. Und heute ist es für die Menschen in Europa zur Normalität geworden. Die Priorität in Bezug auf Schätze, die Gott legt, ist halt anders als die, welche ich mir unter jetzigen Umständen vorstelle. Aus diesen Gründen, die vorher angeführt habe, lebe ich bereits jetzt in der himmlischen Welt (unten den ganz zu Anfang erwähnten Voraussetzungen). Allerdings muss ich mich auch an die Gesetzmäßigkeiten halten. D.h. zu einem heiligen Gott gehört ein heiliger Himmel, ein heiliges Jerusalem, heilige Engel, geheiligte Menschen. Und hier besteht eine kleine Schwierigkeit. Aus meiner eigenen Kraft, kann ich nämlich nicht heilig werden. Gott sei aber Dank, dass ER das in Christus für mich gemacht hat. Diese Heiligkeit hält "aber nur so lange an", wie ich sie auslebe. Das bedeutet, ein geheiligtes Leben hat immer eine sichtbare Komponente. Es ist so wie man sagt: Wenn Du Dich freust dann, teile es Deinem Gesicht mit. Ein heiliges Leben bringt ein geistlich, heiligen Charakter hervor. Und zwar nicht erst als Gedanke, dass es schon ausreichen würde, wenn es meinem körperlichen Ende entgegen geht. Nein, es beginnt mit meiner Entscheidung für ein Leben mit Jesus und hört von da an nicht auf. Und wenn dieser Charakter öffentlich wird, ist er für die einen ein Wohlgeruch zum Leben, dass sie in ihrem Glauben ermutigt werden weiter zu gehen und damit einhergehend eine neue Freude aufkommt. Und für die Anderen ist dieser Wohlgeruch ein Geruch zum Tod. Da diese Menschen Gott und SEIN Werk ablehnen, zeigt der Geruch auf, dass Gott zum Einen existiert und zum Anderen für die ein Belohner sein wird, die IHN suchen. Zusätzlich zeigt der Geruch auf, dass die, welche IHN ablehnen auch in keinen Segen Gottes hineinkommen werden. Ein weiterer Aspekt des Wohlgeruches, ist das Reden von dem Reich. Von dem, was in Einem drin ist bzw. das

Herz voll ist, fließt der Mund über. Es ist ein gewisser Automatismus. Das Eine wird es ohne das Andere nicht geben. Und damit zeige ich Gottes Allumfassende Güte an. Wenn ich dementsprechend so innig mit Gott und SEINEN Absichten und SEINEM Reich verbunden bin, wird und ist es mir ein Verlangen auch die Wege zu gehen und Taten zu tun, die Gott für mich im Voraus geplant und bereitet hat. Letztlich sind sie es auch, die mich in einem gewissen Segen und Zufriedenheit leben lassen. Auch wenn es in dem Einen oder Anderen Fall mal mit Schwierigkeiten verbunden ist. An dieser Stelle offenbart sich, macht sich sichtbar, wie groß mein Glaube bereits ist und ob er einem Senfkorn gleicht. Aber auch da greife ich nochmals ein. Ich muss nämlich nicht einen großen Glauben an Gott haben sondern einen Glauben an einen großen Gott. Ich muss mich nicht anstrengen einen Glauben in der Größe eines Senfkorns zu produzieren. Ich gebe einfach Gott die Möglichkeit den Samen in mich zu pflanzen. Das andere ist ein Wachstumsprozess. Und dann haben wir noch den sogenannten geistlichen Kampf in der Himmelswelt. Der Christ muss sich bewusst werden, dass er sich in einem beständigen Kampf befindet. Wo findet der statt? –

In der Himmelswelt oder besser gesagt im Umfeld der Erde und auf ihr. Um was geht es?
Um Menschen, also um mich, und um eine Machtposition über diesen Planeten. Und darüber hinaus um die Vorherrschaft im All und Himmelswelt. Wer ist alles daran beteiligt bzw. involviert? – Gott und SEINE himmlischen Heerscharen, der Teufel und seine Dämonen (früher Luzifer und Engel) sowie die Menschen die sich in Gottes Heer einreihen oder die Menschen, die bewusst oder unbewusst durch ihr Handeln sich auf Seiten des Bösen befinden. Diejenigen, die mit Jesus leben und sich in Gottes Heer einreihen, haben jedoch nichts zu befürchten denn, Schutz und „Waffenrüstung" werden gestellt. Ich muss mir nur dessen bewusst sein, dass ich, ob ich nun will oder nicht, in einem Kampf stehe. Und das nicht erst so wenn ich mich für Jesus entscheide. Seit Luzifer aus dem Himmel geworfen und verbannt wurde, besteht dieser Kampf. Und ich habe die Möglichkeit darin eine Rolle zu spielen. Aber nur wenn ich in der Art und Weise kämpfe, wie Gott es vorgibt und mit den Mitteln, die mir zur Verfügung stehen. Und nochmals dazu. Ich kämpfe bzw. mein Kampf ist nicht gegen andere Menschen sondern in der für andere Menschen

unsichtbaren Welt. In dieser Art und Weise zu leben, wie zuvor in den verschiedenen Bereichen erläutert, wird eine Resonanz als Gedenken im Himmel nach sich ziehen. Da wird Vieles besser geheißen von dem wir denken es wäre nichts Großes. Und Anderes wovon wir denken, was wir tolles geleistet haben. Aber dies zu entscheiden obliegt allein Gott dem Vater und Schöpfer Allen Seins.

Ich fasse an dieser Stelle abschließend das Letzte Kapitel zusammen.
Ein Christ ist durch seine Entscheidung augenblicklich ein Teil/Bürger des Reiches Gottes und ist offiziell versetzt in dieses Reich; auch dann, wenn er/sie sich noch auf der Erde bewegen. Ihm/Ihr ist es möglich das unsichtbare zu erkennen und sich mit den Begebenheiten auseinander zu setzen. Es ist möglich die göttlichen Zeichen zu verstehen und darin zu handeln. Sein/Ihr Trachten und Antrieb ist auf das Göttliche ausgerichtet. Er besitzt eine himmlische Behausung und kann die Fülle in Christus in Anspruch nehmen. Die Erlösung in Christus bildet die Handlungsgrundlage seiner/ihrer Taten und findet sich in 2 Bereichen wieder. Ihm/Ihr steht zu jeder Zeit Gottes

Hilfe zur Verfügung. Ebenso kann er/sie natürliche und übernatürliche Kraft und Gaben bzw. Talente ausüben. Das Sammeln von Schätzen geht einher mit dem Handeln nach Gottes Absichten und Wegen für mich. Mein Charakter widerspiegelt Christi Charakter und ist Teil meiner Person und Handelns auf der Erde. Durch dieses göttliche Leben gebe ich Beispiel, Ausdruck und Reden gegenüber der Welt und bin ein Wohlgeruch Christi. Ich handle und gehe auf den Wegen, die Gott für mich vorbereitet hat. Mein Glaube, der von Jesus kommt, ist ausgefüllt mit Gottes Absichten und lässt mich Widerstand gegen Gottes Feinde leisten und sogar, soweit gefordert, zurückdrängen. Dieses Handeln wird eine Resonanz im Himmel erzeugen.

Nachwort

Jerusalem ist und bleibt bis zur Neuerschaffung ein Schmelztiegel soweit es da weltliche Jerusalem betrifft. Das himmlische Jerusalem hat bereits jetzt einen Zugang. Allerdings muss man sich entscheiden. Aber, egal wie man sich entscheidet – entweder ist Jerusalem Schicksal oder es ist Heimat und Zuhause.

Bibelstellen zu den vorangegangenen Kapiteln

Bibelstellen – Salem, Amoriter, Jebusiter:
1.Mose 14,18 / Psalm 76,3 / Hebräerbrief 7,1+2 / 1.Mose 22,2 /
1.Mose 6,4 / Römer 2,4 / Römer 1,28 / 1.Mose 15,13.16 /
2.Samuel 7,14 / Lukas 12,47 / Josua 10,5 / Josua 10,23 /
Josua 15,63 / Richter 1,21

Bibelstellen – „unter David":
1.Samuel 17,54 / 2.Samuel 5.5 / 2.Samuel 5,8 / 2.Samuel 9,13 /
2.Samuel 8,7 / 2.Samuel 15,29 / 2.Samuel 24,8 / 2.Samuel 24,16 /
1.Chronik 9,3 / 1.Chronik 11,4 / 1.Chronik 15,3 / 1.Chronik 18,7 /
1.Chronik 21,4 / 1.Chronik 21,15 / 1.Chronik 21,16 /
1.Chronik 23,25 / 1.Chronik 27,25 / 1.Chronik 28,1 / 2.Chronik 1,4

Bibelstellen – „unter Salomo":
1.Könige 3,15 / 1.Könige 8,1 / 1.Könige 9,15 / 1.Könige 9,19 /
1.Könige 10,2 / 1.Könige 10,26 / 1.Könige 10,27 / 1.Könige 11,7 /
2.Chronik 1,13 / 2.Chronik 1,14 / 2.Chronik 1,15 / 2.Chronik 2,6 /
2.Chronik 2,15 / 2.Chronik 3,1 / 2.Chronik 5,2 / 2.Chronik 6,6 /
2.Chronik 8,6 / 2.Chronik 9,1 / 2.Chronik 9,25 / 2.Chronik 9,27 /
Prediger 1,16 / Prediger 2,7 / Prediger 2,9

Bibelstellen – Die Stadt der Könige:
1.Könige 14,25 / 2.Könige 12,19 / 2.Könige 14,13 / 2.Könige 18,22 /
2.Könige 18,35 / 2.Könige 19,10 / 2.Könige 19,21 / 2.Könige 19,31 /
2.Könige 21,4 / 2.Könige 21,7 / 2.Könige 21,13 / 2.Könige 21,16 /
2.Könige 22,14 / 2.Könige 23,1 / 2.Könige 23,2 / 2.Könige 23,5 /

2.Könige 23,6 / 2.Könige 23,9 / 2.Könige 23,13 / 2.Könige 23,24 /
2.Könige 23,27 / 2.Könige 23,30 / 2.Könige 23,31 / 2.Könige 23,33/
2.Könige 23,36 / 2.Könige 24,4 / 2.Könige 24,10 / 2.Könige 24,14 /
2.Könige 25,10 / 2.Chronik 11,14 / 2.Chronik 11,16 /
2.Chronik 12,5 / 2.Chronik 12,7 / 2.Chronik 12,9 / 2.Chronik 19,1 /
2.Chronik 19,4 / 2.Chronik 19,8 / 2.Chronik 20,15 /2.Chronik 20,17/
2.Chronik 20,18 / 2.Chronik 20,20 / 2.Chronik 20,27 /
2.Chronik 20,28 / 2.Chronik 21,11 / 2.Chronik 23,2 /2.Chronik 24,6/
2.Chronik 24,9 / 2.Chronik 24,18 / 2.Chronik 24,23 /
2.Chronik 25,23 / 2.Chronik 26,9 / 2.Chronik 26,15 /
2.Chronik 28,24 / 2.Chronik 30,1 / 2.Chronik 30,2 / 2.Chronik 30,3 /
2.Chronik 30,5 / 2.Chronik 30,11 / 2.Chronik 30,13 /
2.Chronik 30,14 / 2.Chronik 30,21 / 2.Chronik 30,26 /
2.Chronik 31,4 / 2.Chronik 32,2 / 2.Chronik 32,10 /2.Chronik 32,12/
2.Chronik 32,18 / 2.Chronik 32,22 / 2.Chronik 32,23 /
2.Chronik 32,25 / 2.Chronik 32,26 / 2.Chronik 33,4 /
2.Chronik 33,7 / 2.Chronik 33,9 / 2.Chronik 33,13 /2.Chronik 33,15/
2.Chronik 34,3 / 2.Chronik 34,7 / 2.Chronik 34,9 / 2.Chronik 34,22 /
2.Chronik 34,29 / 2.Chronik 34,30 / 2.Chronik 34,32 /
2.Chronik 35,1 / 2.Chronik 35,18 / 2.Chronik 36,1 / 2.Chronik 36,2 /
2.Chronik 36,3 / 2.Chronik 36,4 / 2.Chronik 36,5 / 2.Chronik 36,9 /
2.Chronik 36,10 / 2.Chronik 36,11 / 2.Chronik 36,14 /
2.Chronik 36,19 / 2.Chronik 36,23 / Psalm 79,1 / Psalm 79,3 /
Jesaja 7,1 / Jesaja 7,6 / Jesaja 10,10 / Jesaja 10,11 / Jesaja 10,12/
Jesaja 22,1 / Jesaja 22,10 / Jesaja 28,1 / Jesaja 28,14 /
Jesaja 29,1 / Jesaja 29,2 / Jesaja 29,7 / Jesaja 33,7 / Jesaja 31,9 /
Jesaja 36,2 / Jesaja 36,7 / Jesaja 36,20 / Jesaja 37,10 /
Jesaja 51,17 / Jesaja 52,2 / Jesaja 64,9 / Jeremia 1,3 /Jeremia 4,5/
Jeremia 4,10 / Jeremia 4,11 / Jeremia 4,14 / Jeremia 4,16/

Jeremia 4,17 / Jeremia 5,1 / Jeremia 5,10 / Jeremia 6,1 / Jeremia 6,6 / Jeremia 6,8 / Jeremia 7,17 / Jeremia 7,34 / Jeremia 8,1 / Jeremia 9,10 / Jeremia 11,2 / Jeremia 11,9 / Jeremia 11,12 / Jeremia 11,13 / Jeremia 13,13 / Jeremia 13,20 / Jeremia 13,27 / Jeremia 14,16 / Jeremia 15,4 / Jeremia 15,5 / Jeremia 17,20 / Jeremia 18,11 / Jeremia 19,3 / Jeremia 19,7 / Jeremia 19,13 / Jeremia 21,13 / Jeremia 21,14 / Jeremia 24,1 / Jeremia 24,8 / Jeremia 25,2 / Jeremia 25,18 / Jeremia 26,18 / Jeremia 27,3 / Jeremia 27,18 / Jeremia 27,20 / Jeremia 27,21 / Jeremia 29,1 / Jeremia 29,2 / Jeremia 29,4 / Jeremia 29,20 / Jeremia 29,25 / Jeremia 32,2 / Jeremia 32,32 / Jeremia 32,44 / Jeremia 34,1 / Jeremia 34,6 / Jeremia 34,7 / Jeremia 34,8 / Jeremia 34,19 / Jeremia 35,11 / Jeremia 35,13 / Jeremia 35,17 / Jeremia 36,9 / Jeremia 36,12 / Jeremia 36,14 / Jeremia 36,19 / Jeremia 36,21 / Jeremia 36,31 / Jeremia 37,5 / Jeremia 37,11 / Jeremia 37,12 / Jeremia 37,14 / Jeremia 37,15 / Jeremia 38,28 / Jeremia 39,1 / Jeremia 39,8 / Jeremia 40,1 / Jeremia 42,18 / Jeremia 44,2 / Jeremia 44,6 / Jeremia 44,9 / Jeremia 44,13 / Jeremia 44,17 / Jeremia 44,21 / Jeremia 51,35 / Jeremia 51,50 / Jeremia 52,1 / Jeremia 52,3 / Jeremia 52,4 / Jeremia 52,12 / Jeremia 52,13 / Jeremia 52,14 / Jeremia 52,29 / Klagelieder 1,7 / Klagelieder 1,8 / Klagelieder 1,17 / Klagelieder 2,1 / Klagelieder 2,13 / Klagelieder 2,15 / Klagelieder 3,14 /Hesekiel 4,1/ Hesekiel 4,16 / Hesekiel 5,5 / Hesekiel 5,17 / Hesekiel 8,1 / Hesekiel 8,3 / Hesekiel 9,1 / Hesekiel 9,8 / Hesekiel 11,15 / Hesekiel 12,10 / Hesekiel 12,19 / Hesekiel 13,14 / Hesekiel 13,16 / Hesekiel 14,21 / Hesekiel 14,22 / Hesekiel 14,23 / Hesekiel 15,1 / Hesekiel 15,6 / Hesekiel 16,1 / Hesekiel 16,2 / Hesekiel 16,3 / Hesekiel 17,12 / Hesekiel 21,1 / Hesekiel 21,7 / Hesekiel 21,25 /

Hesekiel 21,27 / Hesekiel 21,32 / Hesekiel 22,1 / Hesekiel 22,19 / Hesekiel 23,4 / Hesekiel 24,1 / Hesekiel 24,2 / Hesekiel 26,2 / Hesekiel 33,21 / Hesekiel 36,38 / Daniel 1,1 / Obadja 11 / Obadja 20 / Micha 1,1 / Micha 1,5 / Micha 1,9 / Micha 3,10 / Micha 3,12 / Micha 6,1 / Zefanja 1,4 / Zefanja 1,12 / Zefanja 3,1 / Maleachi 2,11

Bibelstellen – Bautätigkeit

1.Chronik 15,1 / 1.Könige 9,15 / 1.Könige 9,19 / 1.Könige 10,26 / 1.Könige 10,27 / 2.Chronik 1,14 / 2.Chronik 1,15 / 2.Chronik 2,6 / 2.Chronik 2,15 / 2.Chronik 3,1 / 2.Chronik 8,6 / 2.Chronik 9,25 / 2.Chronik 9,27 / 2.Chronik 26,9 / 2.Chronik 26,15 / Esra 1,1 / Esra 1,2 / Esra 1,3 / Esra 1,4 / Esra 1,5 / Esra 1,7 / Esra 1,11 / Esra 2,1 / Esra 2,68 / Esra 3,1 / Esra 3,8 / Esra 4,6 / Esra 4,8 / Esra 4,12 / Esra 4,20 / Esra 4,23 / Esra 4,24 / Esra 5,1 / Esra 5,2 / Esra 5,14 / Esra 5,15 / Esra 5,16 / Esra 5,17 / Esra 6,3 / Esra 6,5 / Esra 6,9 / Esra 6,12 / Esra 6,18 / Esra 7,1 / Esra 7,7 / Esra 7,8 / Esra 7,9 / Esra 7,13 / Esra 7,14 / Esra 7,15 / Esra 7,16 / Esra 7,17 / Esra 7,19 / Esra 7,27 / Esra 8,1 / Esra 8,21 / Esra 8,29 / Esra 8,30 / Esra 8,31 / Esra 8,32 / Esra 9,9 / Esra 10,7 / Esra 10,9 / Nehemia 1,2 / Nehemia 1,3 / Nehemia 2,11 / Nehemia 2,12 / Nehemia 2,13 / Nehemia 2,17 / Nehemia 2,20 / Nehemia 3,8 / Nehemia 3,9 / Nehemia 3,12 / Nehemia 3,34 / Nehemia 4,2 / Nehemia 6,7 / Nehemia 7,2 / Nehemia 7,6 / Nehemia 8,15 / Nehemia 11,1 / Nehemia 11,2 / Nehemia 11,3 / Nehemia 11,4 / Nehemia 11,6 / Nehemia 11,22 / Nehemia 12,27 / Nehemia 12,28 / Nehemia 12,29 / Nehemia 13,4 / Nehemia 13,6 / Nehemia 13,7 /

Nehemia 13,15 / Nehemia 13,16 / Nehemia 13,20 / Esther 2,6 / Jesaja 3,1

Bibelstellen – Krieg und Verteidigung

Josuah 10,5 / Josuah 10,23 / 1.Könige 14,25 / 2.Könige 12,19 / 2.Könige 14,13 / 2.Könige 18,35 / 2.Könige 19,10 / 2.Könige 19,21/ 2.Könige 19,31 / 2.Könige 22,14 / 2.Könige 23,1 / 2.Könige 23,33 / 2.Könige 24,10 / 2.Könige 24,14 / 2.Könige 25,10 / 2.Chronik 12,5 / 2.Chronik 12,7 / 2.Chronik 12,9 / 2.Chronik 19,1 / 2.Chronik 20,15 / 2.Chronik 20,17 / 2.Chronik 20,18 / 2.Chronik 20,20 / 2.Chronik 20,27 / 2.Chronik 24,23 / 2.Chronik 25,23 / 2.Chronik 32,2 / 2.Chronik 32,10 / 2.Chronik 32,18 / 2.Chronik 32,22 / 2.Chronik 35,24 / 2.Chronik 36,1 /2.Chronik 36,2/ 2.Chronik 36,3 / 2.Chronik 36,4 / 2.Chronik 36,10 /2.Chronik 36,19/ Psalm 79,1 / Psalm 79,3 / Jesaja 7,1 / Jesaja 7,6 / Jesaja 10,10 / Jesaja 36,2 / Jesaja 36,20 / Jesaja 37,10 / Jesaja 51,17 / Jesaja 52,2 / Jesaja 64,9 / Jeremia 1,3 / Jeremia 4,5 / Jeremia 4,10 / Jeremia 4,16 / Jeremia 4,17 / Jeremia 6,1 / Jeremia 8,1 / Jeremia 9,10 / Jeremia 19,3 / Jeremia 19,7 / Jeremia 25,2 / Jeremia 25,18 / Jeremia 26,18 / Jeremia 27,3 / Jeremia 27,20 / Jeremia 27,21 / Jeremia 29,1 / Jeremia 29,2 / Jeremia 29,4 / Jeremia 29,20 / Jeremia 32,2 / Jeremia 34,1 / Jeremia 34,6 / Jeremia 34,7 / Jeremia 34,8 / Jeremia 37,5 / Jeremia 37,11 / Jeremia 37,12 / Jeremia 37,14 / Jeremia 37,15 / Jeremia 38,28 / Jeremia 39,1 / Jeremia 39,8 / Jeremia 40,1 / Jeremia 44,2 / Jeremia 44,6 / Jeremia 44,13 / Jeremia 52,4 / Jeremia 52,12 / Jeremia 52,13 / Jeremia 52,14 / Jeremia 52,29 / Hesekiel 4,1 / Hesekiel 4,16 / Hesekiel 5,5 / Hesekiel 5,17 /

Hesekiel 14,21 / Hesekiel 15,1 / Hesekiel 15,6 / Hesekiel 21,1 / Hesekiel 21,7 / Hesekiel 21,25 / Hesekiel 21,27 / Heskiel 24,1 / Hesekiel 24,2 / Hesekiel 26,2 / Hesekiel 33,21 / Hesekiel 36,38 / Daniel 1,1 / Obadja 11 / Obadja 20

Bibelstellen – Zeit der Makkabäer
1.Makkabäer 4,4b / 1.Makkabäer 14,41 / 1.Makkabäer 1,21-22 / 1.Makkabäer 1,31 / 1.Makkabäer 1.43-47 / 1.Makkabäer 1,54 / 1.Makkabäer 6,7

Bibelstellen – Zeit des Herodes
Matthäus 2,3 / Matthäus 2,7 / Matthäus 2,16 / Johannes 2,20

Bibelstellen – Israel und Jerusalem unter römischer Herrschaft
Johannes 11,48 / Matthäus 8,5-13 / Apostelgeschichte 21,27-40 / Lukas 23,1-12

Bibelstellen – Der Charakter (Topographie) einer Stadt
1.Chronik 11,5 / Josua 15,8 / 2.Samuel 5,8 / 2.Samuel 24,16 / 1.Könige 3,1 / 1.Könige 9,15 / 1.Könige 11,7 / 2.Könige 18,17 / 2.Könige 19,31 / 2.Könige 22,14 / 2.Könige 23,5 / 2.Chronik 3,1 / Nehemia 2,13 / Nehemia 3,9.12 / Psalm 122,3 / Psalm 125,2 / Jeremia 17,20 / Jeremia 19,13 / Sacharja 14,8 / Sacharja 14,10 / Matthäus 21,1 / Johannes 5,2

Bibelstellen – Negative Haltung

2.Samuel 24,8 / 2.Samuel 24,16 / 1.Chronik 21,4 / 1.Chronik 21,15 / 1.Chronik 21,16 / 1.Könige 11,7 / 2.Chronik 1,13 / Prediger 1,16 / Prediger 2,7 / Prediger 2,9 / 2.Könige 21,4 / 2.Könige 21,7 / 2.Könige 21,13 / 2.Könige 21,16 / 2.Könige 23,36 / 2.Könige 24,4 / 2.Chronik 11,14 / 2.Chronik 12,5 / 2.Chronik 21,11 / 2.Chronik 24,18 / 2.Chronik 28,24 / 2.Chronik 32,25 / 2.Chronik 33,4 / 2.Chronik 33,7 / 2.Chronik 33,9 / 2.Chronik 36,5 / 2.Chronik 36,9 / 2.Chronik 36,11 / 2.Chronik 36,14 / Jesaja 10,11 / Jesaja 10,12 / Jesaja 22,1 / Jesaja 22,10 / Jesaja 28,1 / Jesaja 28,14 / Jesaja 29,1 / Jesaja 29,2 / Jesaja 29,7 / Jesaja 33,7 / Jesaja 31,9 / Jesaja 36,7 / Jeremia 4,14 / Jeremia 4,17 / Jeremia 5,1 / Jeremia 5,10 / Jeremia 6,6 / Jeremia 6,8 / Jeremia 7,17 / Jeremia 11,2 / Jeremia 11,6 / Jeremia 11,9 / Jeremia 11,12 / Jeremia 11,13 / Jeremia 13,13 / Jeremia 13,20 / Jeremia 13,27 / Jeremia 14,16 / Jeremia 15,4 / Jeremia 15,5 / Jeremia 17,20 / Jeremia 18,11 / Jeremia 19,13 / Jeremia 21,13 / Jeremia 23,14 / Jeremia 24,1 / Jeremia 24,8 / Jeremia 27,18 / Jeremia 29,25 / Jeremia 32,32 / Jeremia 34,19 / Jeremia 35,11 / Jeremia 35,13 / Jeremia 35,17 / Jeremia 36,12 / Jeremia 36,14 / Jeremia 36,19 / Jeremia 36,21 / Jeremia 36,31 / Jeremia 42,18 / Jeremia 44,9 / Jeremia 44,17 / Jeremia 44,21 / Jeremia 51,35 / Jeremia 52,1 / Jeremia 52,3 / Klagelieder 1,7 / Klagelieder 1,8 / Klagelieder 1,17 / Klagelieder 2,1 / Klagelieder 2,13 / Klagelieder 2,15 / Klagelieder 3,14 / Hesekiel 8,1 / Hesekiel 8,3 / Hesekiel 9,1/ Hesekiel 9,8/ Hesekiel 11,15 / Hesekiel 12,10 / Hesekiel 12,19 / Hesekiel 13,14 / Hesekiel 13,16 / Hesekiel 16,1 / Hesekiel 16,2 / Hesekiel 16,3 / Hesekiel 17,12 / Hesekiel 22,1 /

Hesekiel 22,19 / Hesekiel 23,4 / Micha 1,1 / Micha 1,5 / Micha 1,9 /
Micha 3,10 / Micha 3,12 / Micha 6,1 / Zefanja 1,4 / Zefanja 1,12 /
Zefanja 3,1 / Maleachi 2,11 / Daniel 5,2 / Daniel 5,3 / Jesaja 3,8 /
Jesaja 5,3 / Daniel 9,7 / Daniel 9,12/ Daniel 9,16/ Matthäus 16,21 /
Matthäus 20,18 / Markus 10,33 / Lukas 9,31 / Lukas 21,24 /
Apostelgeschichte 8,1 / Apostelgeschichte 9,2 /
Apostelgeschichte 9,13 / Apostelgeschichte 9,21 /
Apostelgeschichte 9,26 / Apostelgeschichte 10,39 /
Apostelgeschichte 11,2 / Apostelgeschichte 15,1 /
Apostelgeschichte 15,2 / Apostelgeschichte 21,31 /
Apostelgeschichte 21,34 / Apostelgeschichte 22,5 /

Bibelstellen – Positive Haltung

1.Mose 14,18 / Psalm 76,3 / Hebräer 7,1 / Hebräer 7,2 /
1.Samuel 17,54 / 2.Samuel 5,5 / 2.Samuel 5,8 / 2.Samuel 9,13 /
2.Samuel 8,7 / 2.Samuel 15,29 / 1.Chronik 9,3 / 1.Chronik 11,4 /
1.Chronik 15,3 / 1.Chronik 18,7 / 1. Chronik 23,25 /
1.Chronik 27,25 / 1.Chronik 28,1 / 2.Chonik 1,4 / 1.Könige 3,15 /
1.Könige 8,1 / 1.Könige 10,2 / 2.Chronik 5,2 / 2.Chronik 6,6 /
2.Chronik 9,1 / 2.Könige 18,22 / 2.Könige 23,2 / 2.Könige 23,5 /
2.Könige 23,6 / 2.Könige 23,9 / 2.Könige 23,13 / 2.Könige 23,24 /
2.Könige 23,27 / 2.Könige 23,30 / 2.Könige 23,31 /2.Chronik 11,16/
2.Chronik 19,4 / 2.Chronik 19,8 / 2.Chronik 20,27 /2.Chronik 20,28/
2.Chronik 23,2 / 2.Chronik 24,6 / 2.Chronik 24,9 / 2.Chronik 30,1 /
2.Chronik 30,2 / 2.Chronik 30,3 / 2.Chronik 30,5 / 2.Chronik 30,11 /
2.Chronik 30,13 / 2.Chronik 30,14 / 2.Chronik 30,21 /
2.Chronik 30,26 / 2.Chronik 31,4 / 2.Chronik 32,12 /
2.Chronik 32,23 / 2.Chronik 32,26 / 2.Chronik 33,13 /
2.Chronik 33,15 / 2.Chronik 34,3 / 2.Chronik 34,7 / 2.Chronik 34,9 /

2.Chronik 34,22 / 2.Chronik 34,29 / 2.Chronik 34,30 /
2.Chronik 34,32 / 2.Chronik 35,1 / 2.Chronik 35,18 /
2.Chronik 36,23 / Jeremia 7,34 / Jeremia 32,44 / Jeremia 36,9 /
Jeremia 51,50 / Hesekiel 14,22 / Hesekiel 14,23 / Hesekiel 21,32 /
Jesaja 44,28 / Daniel 6,11 / Daniel 9,7 / Daniel 9,25 /
Sacharja 1,12 / Sacharja 1,14 / Sacharja 1,16 / Sacharja 1,17 /
Sacharja 2,2 / Sacharja 2,6 / Sacharja 7,7 / Sacharja 12,2 /
Sacharja 12,3/ Lukas 24,47/ Apostelgeschichte 1,8 /
Apostelgeschichte 2,14 / Apostelgeschichte 6,7 /
Apostelgeschichte 8,14/ Apostelgeschichte 8,25 /
Apostelgeschichte 8,26 / Apostelgeschichte 8,27 /
Apostelgeschichte 9,28 / Apostelgeschichte 11,1 /
Apostelgeschichte 11,22 / Apostelgeschichte 11,27 /
Apostelgeschichte 12,25 / Apostelgeschichte 13,13 /
Apostelgeschichte 13,27 / Apostelgeschichte 13,31 /
Apostelgeschichte 15,4 / Apostelgeschichte 16,4 /
Apostelgeschichte 18,22 / Apostelgeschichte 19,21 /
Apostelgeschichte 20,16 / Apostelgeschichte 20,22 /
Apostelgeschichte 21,4 / Apostelgeschichte 21,11 /
Apostelgeschichte 21,12 / Apostelgeschichte 21,13 /
Apostelgeschichte 21,15 / Apostelgeschichte 21,17 /
Apostelgeschichte 22,17 / Apostelgeschichte 22,18 /
Apostelgeschichte 23,11 / Apostelgeschichte 24,11 /
Apostelgeschichte 25,1 / Apostelgeschichte 25,3 /
Apostelgeschichte 25,7 / Apostelgeschichte 25,9 /
Apostelgeschichte 25,15 / Apostelgeschichte 25,20 /
Apostelgeschichte 25,24 / Apostelgeschichte 26,4 /
Apostelgeschichte 26,10 / Apostelgeschichte 26,20 /
Apostelgeschichte 28,17 / Römer 15,19 / Römer 15,25 /

Römer 15,26 / Römer 15,31 / 1.Korinther 16,1 / 1.Korinther 16,3 /
2.Korinther 8,1 / Galater 1,17 / Galater 1,18 / Galater 2,1 /
Jesaja 62,6 / Jesaja 62,7 / Jeremia 4,3 / Jeremia 4,4 /Sacharja 7,3/
Sacharja 12,8 / Sacharja 12,9 / Sacharja 12,10 / Sacharja 12,11 /
Sacharja 14,2 / Sacharja 14,4 / Sacharja 14,10 / Sacharja 14,12 /
Sacharja 14,14 / Sacharja 14,16 / Sacharja 14,17 / Psalm 68,30 /
Psalm 102,22 / Psalm 116,19 / Psalm 122,3 / Psalm 125,2 /
Psalm 135,21 / Psalm 147,2 / Hohelied 6,4 / Jesaja 22,21 /
Jesaja 24,23 / Jesaja 31,4 / Jesaja 31,5 / Jeremia 33,9 /
Jeremia 33,13 / Jeremia 33,16 / Jesaja 65,18 / Jesaja 65,19 /
Jesaja 66,1 / Jeremia 3,17 / Micha 4,1 / Micha 4,8 / Sacharja 2,16 /
Sacharja 3,2 / Sacharja 8,3 / Sacharja 9,10 / Sacharja 14,21 /
Matthäus 5,35 / Psalm 84,7 / Psalm 122,2 / Psalm 122,6 /
Psalm 137,5 / Psalm 137,6 / Psalm 147,12 / Prediger 1,1 /
Prediger 1,12 / Jesaja 2,3 / Jesaja 4,3 / Jesaja 27,13 /
Jesaja 30,19 / Jesaja 33,20 / Jesaja 37,22 / Jesaja 37,32 /
Jesaja 40,2 / Jesaja 40,9 / Jesaja 41,27 / Jesaja 44,26 /
Jesaja 52,1 / Jereremia 17,25 / Jeremia 17,26 / Jesaja 52,9 /
Jesaja 66,10 / Jesaja 66,13 / Jesaja 66,20 / Hesekiel 9,4 /
Joel 4,20 / Joel 4,16 / Joel 4,17 / Joel 4,20 / Amos 1,2 / Micha 4,2 /
Zefanja 3,14 / Zefanja 3,16 / Sacharja 2,8 / Sacharja 8,4 /
Sacharja 8,8 / Sacharja 8,15 / Sacharja 8,22 / Sacharja 9,9 /
Sacharja 12,5 / Sacharja 12,6 / Sacharja 12,7 / Sacharja 13,1 /
Sacharja 14,8 / Sacharja 14,11 / Galater 4,25 / Galater 4,26 /
Hebräer 12,22 / Offenbarung 3,12 / Offenbarung 21,1 /
Offenbarung 21,2 / Offenbarung 21,10

Bibelstellen – Zeit vor dem 1000jährigen Reich

Matthäus 24,46 / Römer 10,9 / 2.Korinther 5,7 / 2.Timotheus 4,3 / Jakobus 2,18 / Judas 1,18 Kolosser 1,23 / Jakobus 1,6 / Sacharja 12,2-3/ Psalm 87,3 / Philipper 2,10 / Sacharja 8,22 / Kolosser 2,20 / Jakobus 4,4/ 1.Johannes 2,16 / Hebräer 13,14 / Hebräer 12,22 / Hebräer 11,10 / Galater 4,26 / Kolosser 3,1 / Matthäus 6,20 / Kolosser 2,3 / Matthäus 19,21-22 / Lukas 12,34 / 2.Korinther 4,7 / Epheser 1,3 / Galater 3,9 / 1.Johannes 2,17 / 1.Thessalonicher 4,17 / 1.Tessalonicher 5,2-8 /Matthäus 24,45-51 / Kolosser 2,8 / 1.Timotheus 4,12 / 1.Korinther 1,8 / 1.Petrus 3,15 / Hesekiel 9,4 / 2.Korinther 5,4 / Römer 8,23 / Römer 8,22 / Hesekiel 9,4 / Hesekiel 9,6 / Offenbarung 7,3 / Offenbarung 14,1 / Offenbarung 3,12 / 2.Korinther 10,12 / Markus 9,34 / Römer 15,5 / 1.Korinther 2,2 / 1.Korinther 8,6 / 2.Korinther 3,18

Bibelstellen – Während des 1000jährigen Reiches

1.Mose 14,18 / Psalm 76,3 / Hebräer 7,1 / Hebräer 7,2 / 2.Samuel 5,8 / 1.Chronik 23,25 / 2.Könige 23,2 / 2.Könige 23,27 / 2.Chronik 30,11 / 2.Chronik 33,15 / 2.Chronik 34,32 /Jeremia 7,34 / Jeremia 32,44 / Hesekiel 14,22 / Hesekiel 14,23 / Hesekiel 21,32 / Sacharja 1,14 / Sacharja 1,16 / Sacharja 1,17 / Sacharja 2,6 / Sacharja 12,2 / Sacharja 12,3 / Jesaja 62,6 / Jesaja 62,7 / Sacharja 12,8 / Sacharja 12,9/ Sacharja 14,4 / Sacharja 14,10 / Sacharja 14,12 / Sacharja 14,14 / Sacharja 14,16 /Sacharja 14,17 / Psalm 102,22 / Psalm 125,2 / Psalm 135,21 / Psalm 147,2 / Jesaja 22,21 / Jesaja 24,23 / Jesaja 31,4 / Jeremia 33,9 / Jeremia 3,17 / Sacharja 2,16 / Sacharja 3,2 / Jeremia 33,13 / Jeremia 33,16 / Jeremia 3,17 / Micha 4,1/ Matthäus 5,35 / Psalm 84,7 / Psalm 122,6 / Psalm 137,5 / Psalm 147,12 /

Micha 4,8 / Sacharja 2,16 / Sacharja 3,2 / Jesaja 2,3 /Jesaja 30,19/
Jesaja 37,32 / Jesaja 40,9 / Jesaja 41,27 / Jesaja 52,1 /
Jeremia 17,25 / Jesaja 66,13 / Hesekiel 9,4 / Joel 3,5 / Joel 3,16 /
Joel 3,20 / Micha 4,2 / Zefanja 3,14 / Sacharja 2,8 / Sacharja 8,4 /
Sacharja 8,22 / Offenbarung 3,12

Bibelstellen – Neue Himmel, Neue Erde, Neues Jerusalem
Jesaja 65,19 / Jesaja 66,1 / Jeremia 3,17 / Sacharja 8,3 /
Sacharja 14,21/ Jesaja 4,3 / Jesaja 33,20 / Jesaja 52,1 / Joel 4,17 /
Joel 4,20 / Sacharja 8,4 / Sacharja 8,8 / Sacharja 14,11 /
Galater 4,26 / Hebräer 12,22 / Offenbarung 3,12 /
Offenbarung 21,1 / Offenbarung 21,2/ Offenbarung 21,10

Bibelstellen – Das Verhalten der Christen
Kolosser 1,13 / Johannes 15,19 / 1.Johannes 2,2 /
1.Johannes 4,7-9 / Johannes 17,18 / Römer 13,11 /
1.Korinther 13,12 / 2.Korinther 4,4 / 2.Korinther 13,5 /
Kolosser 1,27 / Galater 4,19 / Römer 8,16 / 1.Petrus 5,8 /
Johannes 8,44 / Kolosser 2,8 / 2.Korinther 11,13-14 / Römer 12,2 /
Jakobus 1,6 / Lukas 12,28 / Jakobus 1,23-24 / Titus 1,15-16 /
2.Timotheus 3,8 / Römer 16,18 / Nehemia 6,12-14 /Hesekiel 13,17/
Römer 13,11 / 2.Korinther 13,5 / 1.Korinther 15,10 /
Jakobus 1,23-24 / Hebräer 4,12 / 2.Korinther 3,18 / Kolosser 3,1 /
Kolosser 3,2 / Psalm 27,8 / Philipper 3,13 / Johannes 14,2 /
Johannes 17,20 / Hebräer 13,14 / Hebräer 4,3 / Hebräer 4,10 /
Galater 4,26 / 1.Korinther 12,12 / Matthäus 6,19-20 /
Refugium = Sicherer Ort, an dem jemand seine Zuflucht findet, an
dem er/sie sich zurückziehen kann, um „ungestört" zu sein. /
1.Korinther 6,9 / Galater 5,19-22 / Offenbarung 21,4 /

Johannes 1,16 / Kolosser 2,9-10 / Römer 15,29 /
Offenbarung 20,12 / Lukas 18,10-14 / 1.Samuel 15,22 /
Sprüche 10,22 / Hebräer 10,14 / Galater 3,2-5 / 1.Timotheus 5,25 /
Epheser 2,10 / Psalm 37,5 / Sprüche 16,3 / Hebräer 5,14 /
Jakobus 1,5 / Sprüche 16,18 / Sprüche 12,15 / 2.Timotheus 3,7 /
Psalm 50,15 / Hebräer 4,16 / Epheser 1,17 /Apostelgeschichte 1,8/
Römer 8,23 / Epheser 1,14 / Thessalonicher 5,19 / Epheser 5,18 /
2.Korinther 4,13 / Galater 5,5 / Epheser 1,17 / Epheser 3,16 /
2.Timotheus 1,7 / Epheser 3,5 / Galater 6,1 / Galater 5,25 /
Galater 3,5

Gaben und Talente

Römer 12,6 / 1.Korinther 12,4 / 1.Timotheus 4,14 /
1.Korinther 14,12 / Römer 12,6 / Matthäus 6,20 / Matthäus 6,21 /
2.Korinther 9,5 / Römer 8,27 / 2.Korinther 13,11 /2.Korinther 12,14/
1.Korinther 2,2 / 2.Korinther 1,20 / Kolosser 1,19 /2.Korinther 2,17 /
Philipper 1,17 / Psalm 25,4 / Psalm 5,9 / Psalm 16,11 /
Psalm 19,10-11 / Sprüche 16,16 / Sprüche 22,1 / Haggai 2,8 /
Psalm 51,17-18 / 3.Mose 11,44 / 3.Mose 20,8 / Philipper 1,27 /
Kolosser 2,6 / 1.Korinther 1,30 / 1.Korinther 6,11 /
Thessalonicher 4,1 / Philipper 4,8 / 2.Petrus 3,18 / 2.Petrus 1,8 /
Philipper 2,15 / 2.Korinther 2,14-16 / Hebräer 11,6 / Epheser 2,12 /
2.Korinther 4,13 / 5.Mose 30,14 / Matthäus 12,34 / Lukas 6,45 /
Philipper 3,13 / Epheser 2,10 / Psalm 25,4 / Matthäus 17,20 /
Lukas 13,19 / 2.Petrus 1,8 / 1.Timotheus 6,12 / 1.Timotheus 1,18 /
Epheser 6,12 / 1.Timotheus 4,10 / Hebräer 12,4 / 1.Petrus 5,8 /
Psalm 103,21 / Psalm 148,2 / Matthäus 13,25.39 /
Offenbarung 12,7.9 / Offenbarung 20,2 / 1.Mose 6,2.4 / Judas ,6 /
2.Johannes ,7 / 1.Timotheus 5,15 / Galater 1,8 / Johannes 8,44 /

Jakobus 4,4 / Jakobus 4,7 / Psalm 91,1 / Epheser 6,11-17 / Lukas 10,18 / 2.Timotheus 2,5 / 2.Korinter 10,3 / 1.Korinther 9,25 / Maleachi 1,6 / Jesaja 64,7 / Psalm 7,12 / Nehemia 9,6

Folgende Quellen wurden zu Hilfe genommen:

- Elbiwin: Lexikon und Revidierte Elberfelder Übersetzung (PC-Programm)
- Nestle-Aland: Das Neue Testament (Griechisch-Deutsch)
- Kleines Wörterbuch zum Neuen Testament (Griechisch-Deutsch)

Weitere Bücher:

Das (un-) bekannte Reich Gottes:

1. Vom Beginn bis Samuel (ISBN 978-3735719942)
2. Vom Königtum Israel bis Johannes der Täufer (ISBN 978-3837098129)
3. Das erste kommen Jesus bis ... (978-3754305904)

Identität ≠ Identität (ISBN 783-746066585)